21世纪高等学校规划教材 | 计算机应用

大学信息处理技术学习与实验

郑晓健 张霖 杨承志 编著

清华大学出版社
北京

内 容 简 介

本书旨在提升"大学信息处理技术"课程的教学效率,培养和提升学生的计算思维、求解问题和计算机应用能力,优化普通高校的大学信息处理技术课程的教学体系。

全书分三部分:第一部分是基础知识篇,包括教材各章的基础理论知识的例题解析、自测题和解答。第二部分是实验篇,包含教材中 4 个实验章节的全部实验,每个实验项目都有明确的实验目的和操作说明,具有很强的可操作性。第三部分是测试篇,包含全国计算机等级考试二级 MS Office 和信息处理技术员考试的模拟题和解答。

本书可作为高等院校"大学信息处理技术"课程的辅导教材使用。

本书封面贴有清华大学出版社防伪标签,无标签者不得销售。
版权所有,侵权必究。侵权举报电话: 010-62782989 13701121933

图书在版编目(CIP)数据

大学信息处理技术学习与实验/郑晓健,张霖,杨承志编著. —北京:清华大学出版社,2019
（21 世纪高等学校规划教材·计算机应用）
ISBN 978-7-302-53324-5

Ⅰ. ①大… Ⅱ. ①郑… ②张… ③杨… Ⅲ. ①信息处理－高等学校－教学参考资料 Ⅳ. ①G202

中国版本图书馆 CIP 数据核字(2019)第 156782 号

责任编辑:陈景辉　黄　芝
封面设计:傅瑞学
责任校对:焦丽丽
责任印制:李红英

出版发行:清华大学出版社
　　　网　　址:http://www.tup.com.cn, http://www.wqbook.com
　　　地　　址:北京清华大学学研大厦 A 座　　　邮　编:100084
　　　社 总 机:010-62770175　　　　　　　　　　邮　购:010-62786544
　　　投稿与读者服务:010-62776969, c-service@tup.tsinghua.edu.cn
　　　质量反馈:010-62772015, zhiliang@tup.tsinghua.edu.cn
　　　课件下载:http://www.tup.com.cn,010-62795954

印　装　者:三河市宏图印务有限公司
经　　销:全国新华书店
开　　本:185mm×260mm　　　印　张:11.5　　　字　数:270 千字
版　　次:2019 年 9 月第 1 版　　　　　　　　　　印　次:2019 年 9 月第 1 次印刷
印　　数:1~4000
定　　价:49.90 元

产品编号:083002-01

出版说明

随着我国改革开放的进一步深化,高等教育也得到了快速发展,各地高校紧密结合地方经济建设发展需要,科学运用市场调节机制,加大了使用信息科学等现代科学技术提升、改造传统学科专业的投入力度,通过教育改革合理调整和配置了教育资源,优化了传统学科专业,积极为地方经济建设输送人才,为我国经济社会的快速、健康和可持续发展以及高等教育自身的改革发展做出了巨大贡献。但是,高等教育质量还需要进一步提高以适应经济社会发展的需要,不少高校的专业设置和结构不尽合理,教师队伍整体素质亟待提高,人才培养模式、教学内容和方法需要进一步转变,学生的实践能力和创新精神亟待加强。

教育部一直十分重视高等教育质量工作。2007年1月,教育部下发了《关于实施高等学校本科教学质量与教学改革工程的意见》,计划实施"高等学校本科教学质量与教学改革工程(简称'质量工程')",通过专业结构调整、课程教材建设、实践教学改革、教学团队建设等多项内容,进一步深化高等学校教学改革,提高人才培养的能力和水平,更好地满足经济社会发展对高素质人才的需要。在贯彻和落实教育部"质量工程"的过程中,各地高校发挥师资力量强、办学经验丰富、教学资源充裕等优势,对其特色专业及特色课程(群)加以规划、整理和总结,更新教学内容、改革课程体系,建设了一大批内容新、体系新、方法新、手段新的特色课程。在此基础上,经教育部相关教学指导委员会专家的指导和建议,清华大学出版社在多个领域精选各高校的特色课程,分别规划出版系列教材,以配合"质量工程"的实施,满足各高校教学质量和教学改革的需要。

为了深入贯彻落实教育部《关于加强高等学校本科教学工作,提高教学质量的若干意见》精神,紧密配合教育部已经启动的"高等学校教学质量与教学改革工程精品课程建设工作",在有关专家、教授的倡议和有关部门的大力支持下,我们组织并成立了"清华大学出版社教材编审委员会"(以下简称"编委会"),旨在配合教育部制定精品课程教材的出版规划,讨论并实施精品课程教材的编写与出版工作。"编委会"成员皆来自全国各类高等学校教学与科研第一线的骨干教师,其中许多教师为各校相关院、系主管教学的院长或系主任。

按照教育部的要求,"编委会"一致认为,精品课程的建设工作从开始就要坚持高标准、严要求,处于一个比较高的起点上;精品课程教材应该能够反映各高校教学改革与课程建设的需要,要有特色风格、有创新性(新体系、新内容、新手段、新思路,教材的内容体系有较高的科学创新、技术创新和理念创新的含量)、先进性(对原有的学科体系有实质性的改革和发展,顺应并符合21世纪教学发展的规律,代表并引领课程发展的趋势和方向)、示范性(教材所体现的课程体系具有较广泛的辐射性和示范性)和一定的前瞻性。教材由个人申报或各校推荐(通过所在高校的"编委会"成员推荐),经"编委会"认真评审,最后由清华大学出版社审定出版。

目前，针对计算机类和电子信息类相关专业成立了两个"编委会"，即"清华大学出版社计算机教材编审委员会"和"清华大学出版社电子信息教材编审委员会"。推出的特色精品教材包括：

(1) 21世纪高等学校规划教材·计算机应用——高等学校各类专业，特别是非计算机专业的计算机应用类教材。

(2) 21世纪高等学校规划教材·计算机科学与技术——高等学校计算机相关专业的教材。

(3) 21世纪高等学校规划教材·电子信息——高等学校电子信息相关专业的教材。

(4) 21世纪高等学校规划教材·软件工程——高等学校软件工程相关专业的教材。

(5) 21世纪高等学校规划教材·信息管理与信息系统。

(6) 21世纪高等学校规划教材·财经管理与应用。

(7) 21世纪高等学校规划教材·电子商务。

(8) 21世纪高等学校规划教材·物联网。

清华大学出版社经过三十多年的努力，在教材尤其是计算机和电子信息类专业教材出版方面树立了权威品牌，为我国的高等教育事业做出了重要贡献。清华版教材形成了技术准确、内容严谨的独特风格，这种风格将延续并反映在特色精品教材的建设中。

清华大学出版社教材编审委员会
联系人：魏江江
E-mail: weijj@tup.tsinghua.edu.cn

前　言

　　本书内容与教育部推荐的大学计算机基础教学知识体系的全部内容无缝对接。本书认真设计和遴选了与实际和应用相结合、难易度适度、覆盖面广的练习题和实验题。同时，本书还收录了全国计算机等级考试二级 MS Office 高级应用的部分试题。读者可以通过大量实验和理论知识题的练习，快速而系统地将学科知识进行体系内化和梳理，进而提高自己的学科水平。

　　本书安排了基础知识篇、实验篇和测试篇 3 个部分。基础知识篇分成 12 章，每章都包括典型例题解析、自测试题、自测试题答案与分析。典型例题解析可使教学内容得到很好的强化、扩展和深入，让学生全面系统地掌握教学内容，产生联想性思维。然后再通过自测试题的练习，全面检验各知识点的掌握程度，巩固所学的知识。实验篇分成 4 章，根据教学目标安排了实用、丰富的实验。各实验的内容既互相独立又前后呼应，便于读者的操作、理解和记忆，更有助于提高教学效率。测试篇是为参加全国计算机等级考试二级 MS Office 高级应用和信息处理技术员考试的学生准备的考试模拟题和解答。

　　本书的第一部分（共 12 章）和第二部分（共 4 章）由郑晓健编写，第三部分（第 17 章）由张霖编写，全书由郑晓健统稿、定稿，杨承志教授主审，另外李向阳、秦卫平、方娇莉、付湘琼、胡鹏、朱凯等老师提供了部分参考资料。

　　由于编者的水平有限，且时间仓促，书中难免有不妥之处，恳请各位读者和专家批评、指正。

作　者
2019 年 3 月

目 录

第一部分 基础知识篇

第 1 章 信息技术基础知识 ... 3
    1.1 学习目标 ... 3
    1.2 典型例题解析 ... 3
    1.3 自测试题 ... 6
    1.4 自测试题答案与分析 ... 7

第 2 章 计算机基础知识 ... 9
    2.1 学习目标 ... 9
    2.2 典型例题解析 ... 9
    2.3 自测试题 ... 14
    2.4 自测试题答案与分析 ... 20

第 3 章 操作系统 ... 27
    3.1 学习目标 ... 27
    3.2 典型例题解析 ... 27
    3.3 自测试题 ... 29
    3.4 自测试题答案与分析 ... 32

第 4 章 程序设计基础知识 ... 34
    4.1 学习目标 ... 34
    4.2 典型例题解析 ... 34
    4.3 自测试题 ... 37
    4.4 自测试题答案与分析 ... 41

第 5 章 字处理软件 ... 44
    5.1 学习目标 ... 44
    5.2 典型例题解析 ... 44
    5.3 自测试题 ... 48
    5.4 自测试题答案与分析 ... 51

第 6 章 电子表格 ······ 53

6.1 学习目标 ······ 53
6.2 典型例题解析 ······ 53
6.3 自测试题 ······ 57
6.4 自测试题答案与分析 ······ 59

第 7 章 演示文稿制作软件 ······ 61

7.1 学习目标 ······ 61
7.2 典型例题解析 ······ 61
7.3 自测试题 ······ 66
7.4 自测试题答案与分析 ······ 67

第 8 章 数据库管理系统 ······ 69

8.1 学习目标 ······ 69
8.2 典型例题解析 ······ 69
8.3 自测试题 ······ 75
8.4 自测试题答案与分析 ······ 78

第 9 章 多媒体基础知识 ······ 80

9.1 学习目标 ······ 80
9.2 典型例题解析 ······ 80
9.3 自测试题 ······ 82
9.4 自测试题答案与分析 ······ 85

第 10 章 计算机网络及应用 ······ 87

10.1 学习目标 ······ 87
10.2 典型例题解析 ······ 87
10.3 自测试题 ······ 92
10.4 自测试题答案与分析 ······ 96

第 11 章 物联网 ······ 98

11.1 学习目标 ······ 98
11.2 典型例题解析 ······ 98
11.3 自测试题 ······ 103
11.4 自测试题答案与分析 ······ 104

第 12 章 信息安全技术 ······ 106

12.1 学习目标 ······ 106

12.2　典型例题解析 …………………………………………………………… 106
12.3　自测试题 ………………………………………………………………… 108
12.4　自测试题答案与分析 …………………………………………………… 111

第二部分　实　验　篇

第 13 章　字处理软件 …………………………………………………………… 115

13.1　实验 1　Word 文档基本操作和排版 ………………………………… 115
13.2　实验 2　Word 文档中的表格操作 …………………………………… 117
13.3　实验 3　Word 文档中的图文混排 …………………………………… 119

第 14 章　电子表格 ……………………………………………………………… 122

14.1　实验 1　Excel 公式和函数的应用 …………………………………… 122
14.2　实验 2　Excel 的数据图表 …………………………………………… 123

第 15 章　演示文稿制作软件 …………………………………………………… 127

15.1　实验 1　建立 PowerPoint 2010 演示文稿 …………………………… 127
15.2　实验 2　设置幻灯片的动画、多媒体和超链接 ……………………… 129

第 16 章　数据库管理系统 ……………………………………………………… 133

16.1　实验 1　Access 数据库表的建立和维护 …………………………… 133
16.2　实验 2　Access 数据库查询的创建 ………………………………… 137

第三部分　测　试　篇

第 17 章　实战考试练习题 ……………………………………………………… 143

17.1　Word 实战试题 ………………………………………………………… 143
17.2　Excel 实战试题 ………………………………………………………… 159
17.3　PPT 实战试题 ………………………………………………………… 164

第一部分 基础知识篇

- 第1章 信息技术基础知识
- 第2章 计算机基础知识
- 第3章 操作系统
- 第4章 程序设计基础知识
- 第5章 字处理软件
- 第6章 电子表格
- 第7章 演示文稿制作软件
- 第8章 数据库管理系统
- 第9章 多媒体基础知识
- 第10章 计算机网络及应用
- 第11章 物联网
- 第12章 信息安全技术

第1章 信息技术基础知识

1.1 学习目标

信息技术也常被称为信息和通信技术,主要包括传感技术、计算机与智能技术、通信技术和控制技术等。本章涵盖信息及信息技术的一些基本概念、分类、特征和内涵,信息技术的发展趋势、信息产业的发展、信息人才的概况以及信息人才的需求。

本章学习目标:
- 理解数据与信息的概念;
- 理解信息技术基本概念;
- 了解信息技术的发展趋势;
- 了解信息产业和信息人才的需求情况。

1.2 典型例题解析

1. "明修栈道,暗度陈仓"主要体现了信息的( )特征。
   A. 共享性　　　　　B. 真伪性　　　　　C. 价值性　　　　　D. 载体依附性

【答案】 B。

【解析】 "明修栈道,暗度陈仓"是指将真实的意图隐藏在表面的行动背后,用明显的行动迷惑对方,使敌人产生错觉,并忽略自己的真实意图,从而出奇制胜。

2. 计划在上海买房子的你却收到一条成都的售房短信,下列选项中可以作为鉴别此信息的一项是( )。
   A. 多样性　　　　　B. 时效性　　　　　C. 适用性　　　　　D. 共享性

【答案】 C。

【解析】 中国各地的房价差异很大,一二线城市的房价有时相差几倍,信息有适用范围和时效性,题干中的短信提供的信息不适用于上海。

3. 下列不属于信息的一项是( )。
   A. 通知:今天下午高一年级与高二年级举行篮球赛
   B. 全班的期中考试成绩
   C. 2014年5月16日

D. 由教育部公布的2014年高考改革方案

【答案】 C。

【解析】 信息是客观世界各种事物变化的特征和反映，具有一定的实际意义和价值。

4. 人与人之间可以通过语言交流信息，此时体现了语言是信息的（　　）。

  A. 载体   B. 价值   C. 传递性   D. 时效性

【答案】 A。

【解析】 数据（包括声音）是信息的载体和表达形式。在语言交流中，声音是信息的载体。

5. 2005年10月12日，我国自行研制的神舟六号成功发射，标志着我国航天技术有了进一步的飞跃。专家预测，通过网络、电视和其他途径观看此次直播的人数将超过5亿。对于信息的一般特征，以下说法不正确的是（　　）。

  A. 信息不能独立存在，需要依附于一定的载体
  B. 信息可以转换成不同的载体形式而被存储和传播
  C. 信息可以被多个信息接受者接受并且可以多次被使用
  D. 一个信息不可以依附于不同的载体

【答案】 D。

【解析】 依附性是信息的特征之一，同一信息可以承载于不同形式的载体上。例如，同一则新闻（信息）可以通过广播，由播音员用语音传达给听众，也可以通过报纸用文字送到读者面前。前者是声音，后者是文字，所以在传达同一条信息时，可以使用不同载体。

6. 下列选项中，不属于信息处理基本要求的是（　　）。

  A. 正确性   B. 及时性   C. 持久性   D. 经济性

【答案】 D。

7. 下列关于信息特性的叙述，不正确的是（　　）。

  A. 信息必须依附于某种载体进行传输
  B. 信息是不能被识别的
  C. 信息能够以不同的形式进行传递，并且可以还原再现
  D. 信息具有时效性和时滞性

【答案】 B。

【解析】 信息特性表明，信息是能够被识别的。信息的特性包括以下7个方面。

（1）可识别性，信息是可以被识别的。识别可分为直接识别和间接识别。直接识别是指通过感官来识别，间接识别是指通过各种测试手段来识别。对不同的信息源有不同的识别方法。

（2）可存储性，信息可以通过各种方法存储。

（3）可扩充性，随着时间的变化，信息将不断被扩充。

（4）可压缩性，人们对信息进行加工、整理、概括、归纳，可使之更加精炼、浓缩。

（5）可传递性，信息的可传递性是信息的本质特征。

（6）可转换性，信息可以由一种形态转换成另一种形态。

（7）特定范围有效性，信息在特定的范围内是有效的，否则是无效的。

8. 信息处理链的第一个基本环节是（　　）。

  A. 信息的采集   B. 信息的存储   C. 信息的加工   D. 信息的传输

【答案】 A。

【解析】 信息获取即信息的采集是信息处理的第一个环节。信息处理的一般过程包括信息的获取、传递、处理和使用。

9. 企业中的信息处理过程包括多个阶段,对每个阶段都应有目标要求、规范的制度和需要特别注意的事项。以下叙述中正确的是( )。

　　A. 要根据企业对输出报表的需求,选择所需收集的数据项

　　B. 数据排序的目的是节省存储空间

　　C. 选择合适的数据存储方式,将简化检索操作

　　D. 数据代码化将使用户识别数据更直观

【答案】 A。

【解析】 对信息的加工处理,必须要保证信息的正确性和满足用户对信息处理的需求,其他工作都是围绕其服务的。

10. 由于邮局的原因,某学生在收到英国某大学录取通知书时,得知该大学已经开学一个月,因此错过了入学报道时间,从而被取消入学资格。这件事主要体现了信息的( )。

　　A. 共享性　　　　B. 时效性　　　　C. 载体依附性　　　　D. 可压缩性

【答案】 B。

【解析】 信息的基本特征之一是极强的时效性。例如,天气预报,过时再报就失效了。

11. 下列叙述中,正确的是( )。

　　A. 数据是指记录下来的事实,是客观实体属性的值

　　B. 信息是对事实、概念或指令的一种表达形式

　　C. 数据的驻留地称为信宿

　　D. 数据是对各种事物的特征、运动变化的反映

【答案】 A。

【解析】 信宿是信息的接受者,数据是信息的载体。信息是客观世界各种事物的特征、运动变化的反映,不是数据。数据是对事实、概念或指令的一种表达形式,不是信息。

12. 下列关于信息的叙述中,正确的是( )。

　　A. 信息可以不依附任何载体直接进行传输

　　B. 信息需要由专业人员处理

　　C. 信息可以多次、反复被利用

　　D. 信息是一种摸不着的资源,因此不能估算其价值

【答案】 C。

【解析】 由于信息具有共享性特征,信息在传播、复制、使用过程中可以无消耗地被反复利用。

13. 下列关于信息和数据的叙述中,正确的是( )。

　　A. 数据只有经过处理和解释,并赋予一定的意义后才能成为信息

　　B. 数据和信息是相互独立的,没有任何联系

　　C. 任何数据都能够表示成信息

　　D. 信息和数据都不随其物理介质载体的变化而变化

【答案】 A。

【解析】 数据是信息的载体,需要经过处理和解释,才具有意义,成为信息。

1.3 自测试题

一、选择题

1. 将几幅看似无关的图片通过图像处理软件加工后,形成一幅有创意图片,这体现了信息是(   )。
   A. 依附于一定载体的   B. 可以共享的
   C. 可以加工的   D. 具有时效性的
2. 随着社会信息化程度的提高,(   )。
   A. 信息产品和服务的价格逐渐上升,信息消费在总消费额中的比重逐渐上升
   B. 信息产品和服务的价格逐渐上升,信息消费在总消费额中的比重逐渐下降
   C. 信息产品和服务的价格逐渐下降,信息消费在总消费额中的比重逐渐上升
   D. 信息产品和服务的价格逐渐下降,信息消费在总消费额中的比重逐渐下降
3. 在计算机中,应用最普遍的字符编码是(   )。
   A. BCD 码   B. ASCII 码   C. 汉字编码   D. 补码
4. 信息系统中信息的存储结构有两类:集中式存储和分布式存储。与分布式存储相比,集中式存储的优点是(   )。
   A. 信息安全性强   B. 系统健壮性强
   C. 网络传输量少   D. 便于管理维护
5. 关于信息技术的描述,正确的是(   )。
   A. 信息技术是计算机技术和网络技术的简称
   B. 随着信息技术的发展,电子出版物会完全取代纸质出版物
   C. 人类历史上发生过 5 次信息技术革命
   D. 英文的使用是信息技术的一次革命
6. 下列关于信息技术的描述,正确的是(   )。
   A. 随着现代通信技术的发展,信息技术应运而生
   B. 21 世纪人类进入信息社会,信息和信息技术就相应产生了
   C. 自从有了人类,就有了信息技术
   D. 有了计算机以后,才有信息技术
7. 下列关于信息的论述,不正确的是(   )。
   A. 信息是一些有形物质,例如姓名、报纸新闻、文字符号等
   B. 信息需要以某种记录形式表示出来,例如语言、文字、图形、声音等
   C. 信息必须寄存于某种传播媒体之中,例如纸张、声波等
   D. 信息在计算机中是以二进制形式存储和处理
8. 下列有关信息的描述,不正确的是(   )。
   A. 调制解调器能将模拟信号转化为数字信号
   B. 声音、文字图像都是信息的载体

C. 模拟信号能够直接被计算机处理

D. 计算机以数字化的方式对各种信息进行处理

9. 关于信息系统设计的描述，正确的是(　　)。

　A. 人机界面设计是系统概要设计的任务之一

　B. 确定系统架构时，要对整个系统进行"纵向"分解而不是"横向"分解

　C. 系统架构设计对设备选型起决定作用

　D. 设备选型与法律制度无关

10. 信息技术的四大基本技术是计算机技术、传感技术、控制技术和(　　)。

　A. 生物技术　　　B. 通信技术　　　C. 媒体技术　　　D. 传播技术

11. 20 世纪末，人类开始进入(　　)。

　A. 电子时代　　　B. 农业时代　　　C. 工业时代　　　D. 信息时代

12. 关于信息的说法，以下叙述中正确的是(　　)。

　A. 报纸上的足球赛的消息是信息　　　B. 一本书就是信息

　C. 一张报纸就是信息　　　D. 收音机就是信息

13. 下列不属于信息的是(　　)。

　A. 报纸上登载的商品展销会的消息　　　B. 电视中的计算机产品广告

　C. 计算机　　　D. 各班各科成绩

14. 多媒体信息不包括(　　)。

　A. 影像、动画　　　B. 文字、图形

　C. 音频、视频　　　D. 硬盘、网卡

15. 以下不属于信息的是(　　)。

　A. 上课的铃声　　　B. 收到的开会通知

　C. 数码相机　　　D. 电视里播放的天气预报

二、简答题

1. 什么是数据？
2. 什么是信息？
3. 数据与信息的关系是什么？
4. 什么是信息技术？
5. 信息处理的一般过程是什么？

1.4　自测试题答案与分析

一、选择题

1. B　　　2. C　　　3. B　　　4. D　　　5. C
6. A　　　7. A　　　8. C　　　9. C　　　10. B
11. D　　　12. A　　　13. C　　　14. D　　　15. C

二、简答题

1.【答案】 数据是对客观事件进行记录并可以鉴别的符号,是对客观事物的性质、状态以及相互关系等进行记载的物理符号或其组合。数据是可识别的、抽象的符号。从形态上讲,数据是一些有意义的文字、字母、数字符号的组合、图形、图像、视频、音频等;它也是客观事物的属性、数量、位置及其相互关系的抽象表示。数据经过加工后就成为信息。在计算机科学中,数据是可输入计算机,并由计算机程序加工处理的对象,是具有一定意义的数字、字母、符号和模拟量等的统称。

2.【答案】 信息是客观世界各种事务变化的特征和反映,即它是对客观世界中各种事物的运动状态和变化的反映,是客观事物之间的相互联系和相互作用的表征,表现的是客观事物运动状态和变化的实质内容。信息是音讯、消息、通信系统传输和处理的对象,是人类社会传播的一切内容。通过获得、识别自然界和人类社会的不同信息来区别不同事物,从而认识和改造世界。在通信和控制系统中,信息是一种普遍联系的形式。

3.【答案】 数据与信息之间是相互联系的。数据是反映客观事物属性的记录,是信息的具体表现形式。数据经过加工处理之后,就成为信息;而信息需要经过数字化转变,成为数据才能存储和传输。所以,数据是信息的素材,是信息的载体和表达形式。信息是从数据中加工、提炼出来的,是有利于人们进行正确决策的数据。

4.【答案】 人们对信息技术的定义,因其使用目的、范围、层次的不同而有不同的表述。

信息技术是用于管理和处理信息所采用的各种技术的总称,它主要是用计算机科学和通信技术来设计、开发、安装和实施信息系统及应用软件,也常被称为信息和通信技术(Information and Communications Technology,ICT),主要包括传感技术、计算机与智能技术、通信技术和控制技术。

信息技术是指在计算机和通信技术支持下,用于获取、加工、存储、变换、显示和传输文字、数值、图像以及声音信息的技术,它包括提供设备和提供信息服务两大方面的方法与设备的总称。

信息技术包括信息传递过程中的各个方面,即信息的产生、收集、交换、存储、传输、显示、识别、提取、控制、加工和利用等技术。

信息技术是指利用计算机、网络、广播电视等各种硬件设备及软件工具与科学方法,对文、图、声、像各种信息进行获取、加工、存储、传输与使用的技术之和。

5.【答案】 信息处理的一般过程包括信息的获取、传递、处理和使用。

第 2 章 计算机基础知识

2.1 学习目标

本章学习目标：
- 掌握计算机系统的基本组成、系统的工作原理和计算机软硬件的基本概念；
- 掌握计算机硬件的基本技术和知识；
- 掌握数制转化和运算；
- 理解数据在计算机中的表示方法；
- 掌握计算机系统软件和应用软件的一些概念。

2.2 典型例题解析

一、选择题

1. 在计算机中,硬件与软件的关系是(　　)。
　　A. 互相支持　　　B. 软件离不开硬件　　C. 硬件离不开软件　　D. 相互独立

【答案】 A。

【解析】 在计算机系统中硬件为软件提供了运行环境,特别是 CPU 和内存,但只有硬件的计算机是无法使用的,还要有软件计算机才能更加方便地使用。

2. 微机硬件系统包括(　　)。
　　A. 内存储器和外部设备　　　　　　B. 显示器、主机箱、键盘
　　C. 主机和外部设备　　　　　　　　D. 主机和打印机

【答案】 C。

【解析】 计算机硬件系统包括主机和外部设备,主机包括处理器和内存；外部设备包括输入设备、输出设备、外存、网络设备等。

3. ROM 的特点是(　　)。
　　A. 存取速度快　　　　　　　　　　B. 存储容量大
　　C. 断电后信息仍然保存　　　　　　D. 支持用户随时读写

【答案】 C。

【解析】 只读存储器(Read-Only Memory,ROM)是一种只能从存储器中读数据,而不能往里写数据的存储器。ROM 中的信息是由设计者和制造商提前固化好的,用户无法修改。即使断电或死机,ROM 中的信息也不会丢失。

4．以下微机的存储设备中,存取信息速度最快的设备是(　　)。

　　A．内存　　　　　B．高速缓存　　　　　C．硬盘　　　　　D．软盘

【答案】 B。

【解析】 由于存储材料和技术的不同,系统中存取数据的速度从高到低依次为寄存器、高速缓存、主存(内存)、硬盘、软盘等。高速缓存芯片的外观,如图 2-1 所示。

5．在微机系统中,任何外部设备都必须通过(　　)才能实现主机和设备之间的信息交换。

　　A．电缆　　　　　B．接口　　　　　C．电源　　　　　D．总线插槽

【答案】 B。

【解析】 输入/输出接口是处理机与外部设备联系的界面,现代处理机内部的许多例外事件也可以通过输入/输出接口进行处理。如计算机网络接口卡和网络连接线就如图 2-2 所示。

图 2-1　高速缓存芯片

图 2-2　计算机网络接口卡和网络连接线

6．在计算机系统中,打印机与主机之间采用并行的数据传输方式,所谓并行是指数据传输(　　)。

　　A．按位一个一个的传输　　　　　B．按一个字节 8 位同时进行
　　C．按字长进行　　　　　　　　　D．随机进行

【答案】 B。

【解析】 打印机与主机之间由并行接口相连,并行接口为 25 针,其数据采用并行传输方式,一次可以同时传输一个字节数据。并口的专用设备名为 LPT1、LPT2 等,常用于连接打印机,因此并行接口常又称为打印口。老式打印机的接口属于并口,采用的是 25 针 D 形接头的并行接口,如图 2-3 所示。

图 2-3　老式打印机的并行接口

现在的打印机一般都装有 USB 接口,一些计算机主板也取消了并口。所以没有并口的计算机要使用旧并口打印机,可以购买 USB 转并口线缆进行信号转接。

7. 计算机指令一般包含(　　)两部分。
   A. 数字和文字　　　　　　　　B. 数字和运算符号
   C. 操作码和地址码　　　　　　D. 源操作数和目的操作数

【答案】　C。

【解析】　计算机指令是指挥机器工作的指示和命令。计算机程序是一系列按一定逻辑顺序排列的指令,执行程序的过程就是计算机的工作过程。
一条指令包括操作码和操作数两方面的内容,操作码决定将要完成的操作,操作数指参加运算的数据及其所在的单元地址(地址码)。

8. 在微型计算机中,存储容量为 2MB 等价于(　　)。
   A. $2×1024B$　　　　　　　　B. $2×1024×1024B$
   C. $2×1000B$　　　　　　　　D. $2×1000×1000B$

【答案】　B。

【解析】　常用的存储容量单位及换算关系有:1KB=1024B,1MB=1024KB,1GB=1024MB,1TB=1024GB 等。

9. 在下列不同进制的四个数中,最小的一个数是(　　)。
   A. $(45)_{10}$　　B. $(57)_8$　　C. $(3B)_{16}$　　D. $(110011)_2$

【答案】　A。

【解析】　按照各进制数与十进制数的转换关系,可以先将它们转换成十进制数再进行数值大小的比较。因此 $(57)_8 = 5×8^1 + 7×8^0 = 47_{10}$,$(3B)_{16} = 3×16^1 + 11×16^0 = 59_{10}$,$(110011)_2 = 1×2^5 + 1×2^4 + 1×2^1 + 1×2^0 = 51_{10}$,可以看出 4 个数中,最小的为 $(45)_{10}$。

10. 下列十进制数,能用八位无符号二进制数表示的是(　　)。
    A. 258　　　B. 257　　　C. 256　　　D. 255

【答案】　D。

【解析】　因为八位无符号二进制数的范围:0~255,而超出此范围的数则无法表示。

11. 用于衡量显示器所显示的图像清晰程度的主要指标是(　　)。
    A. 亮度　　　B. 点距　　　C. 对角线长度　　　D. 对比度

【答案】　B。

【解析】　用于衡量显示器的指标有分辨率、点距、扫描频率、显示尺寸等。屏幕上相邻两个点的距离称为点距,点距越小,越容易获得清晰的显示效果。亮度和对比度是衡量 LCD 显示器的两个主要指标,对角线长度是衡量显示器显示尺寸的指标。

12. 在计算机中,20GB 的硬盘可以存放的汉字个数是(　　)。
    A. $10×1000×1000B$　　　　　　B. $20×1024MB$
    C. $10×1024×1024KB$　　　　　D. $20×1000×1000KB$

【答案】　C。

【解析】　一个汉字占 2 个字节,存储容量单位的转换关系是:1KB=1024B,1MB=1024KB,1GB=1024MB。20GB 硬盘可以存放 $10×1024×1024$KB 个汉字。

13. 衡量计算机硬盘技术的指标有很多,但不包括(　　)。
　　A. 主轴转速　　　　　　　　　　B. 平均寻道时间
　　C. 数据传输速率　　　　　　　　D. 地址总线宽度
【答案】　D。
【解析】　计算机硬盘技术的指标有主轴转速、平均寻道时间、数据传输速率、高速缓存容量等。地址总线宽度决定了 CPU 可以访问的物理地址空间的大小。

14. 下列关于组装微型计算机的叙述,不正确的是(　　)。
　　A. 中央处理器应安装在计算机主板上的 Socket 插座上
　　B. 显示卡应安装在计算机主板上的扩展槽中
　　C. 独立的声卡应安装在 AGP 插槽中
　　D. 硬盘数据线应连接在计算机主板的 IDE/SCSI 接口上
【答案】　C。
【解析】　独立的声卡插在计算机主板 PCI 插槽里。主板上 PCI 插槽的示意图,如图 2-4 所示。AGP 是在 PCI 总线基础上发展起来的,主要用于图形显示方面的优化,即专门用于图形显示。AGP 标准历经多年的发展,从最初的 AGP 1.0 和 AGP 2.0,发展到 AGP 3.0。

图 2-4　PCI 插槽

15. 下列关于 CPU 的叙述,不正确的是(　　)。
　　A. CPU 的主频越高,处理数据的速度越快
　　B. 地址总线宽度决定了 CPU 可以访问的主存储器的物理空间
　　C. 数据总线宽度决定了 CPU 与内存等设备间一次数据传输的信息量
　　D. CPU 的工作电压一般为 220V
【答案】　D。
【解析】　CPU 的工作电压是指 CPU 正常工作时所需的电压。不同的 CPU 会有不同的核心电压,如 1.30V、1.35V 或 1.40V。以 Intel Core 2 Duo E4300 处理器为例,该处理器采用 65nm 工艺,其电压只有 1.32V。

16. 下列关于静态存储器(SRAM)和动态存储器(DRAM)的叙述,不正确的是(　　)。
　　A. DRAM 比 SRAM 速度快、价格高

B. DRAM 就是通常所说的内存

C. DRAM 比 SRAM 集成度高、功耗低

D. SRAM 只要不断电,数据就能永久地保存

【答案】 A。

【解析】 动态随机存取存储器 DRAM 需要周期性地刷新,才能保存数据,而且是行列地址复用的,许多都有页模式。静态的随机存取存储器 SRAM 在加电情况下不需要刷新,数据不会丢失,且一般不是行列地址复用的。SRAM 内部采用的是双稳态电路的形式来存储数据。因此,SRAM 的电路结构非常复杂。制造相同容量的 SRAM 比 DRAM 的成本高。

17. 关于一个汉字从输入到输出的处理过程,正确的是(　　)。

A. 首先用汉字的外码将汉字输入,其次用汉字的字形码存储并处理汉字,最后用汉字的内码将汉字输出

B. 首先用汉字的外码将汉字输入,其次用汉字的内码存储并处理汉字,最后用汉字的字形码将汉字输出

C. 首先用汉字的内码将汉字输入,其次用汉字的外码存储并处理汉字,最后用汉字的字形码将汉字输出

D. 首先用汉字的字形码将汉字输入,其次用汉字的内码存储并处理汉字,最后用汉字的外码将汉字输出

【答案】 B。

【解析】 汉字从输入到输出处理过程:输入码→国标码→机内码→地址码→输出码(字形码)。

18. 若磁盘的转速提高一倍,则(　　)。

A. 平均存取时间减半　　　　　　　B. 平均寻道时间减半

C. 存储道密度提高一倍　　　　　　D. 平均寻道时间不变

【答案】 B。

【解析】 磁盘的转速即主轴转速是决定硬盘内部传输速度和持续传输速度的第一决定因素,它直接影响平均寻道时间,即硬盘磁头找到数据所在簇的时间。计算机硬盘和磁头,如图 2-5 所示。

图 2-5　计算机硬盘和磁头

19. 操作系统对磁盘进行读写操作的物理单位是(　　)。

A. 磁道　　　　B. 扇区　　　　C. 字节　　　　D. 文件

【答案】 B。

【解析】 操作系统对磁盘进行读写操作的物理单位是块(扇区),扇区是磁盘存储信息的最小物理单位。

20. 衡量液晶显示器所显示的画面是否流畅的主要指标是(　　)。
    A. 液晶面板尺寸　　　　　　　　B. 可视角度
    C. 信号响应时间　　　　　　　　D. 对比度

【答案】 C。

【解析】 影响液晶显示器所显示的画面是否流畅的主要指标是信号响应时间。信号响应时间是液晶显示器的一个重要的参数,是指液晶显示器对于输入信号的反应时间。组成整块液晶显示板的最基本的像素单元"液晶盒",在接收到驱动信号后需要一段时间。而且液晶显示器在接收到显卡输出信号后,处理信号,再将驱动信息传送到晶体驱动管也需要一段时间。液晶显示器的这项指标直接影响到对动态画面的还原。与 CRT 显示器相比,液晶显示器由于过长的响应时间导致其在还原动态画面时有比较明显的托尾现象(在对比强烈并且快速切换的画面上十分明显),在播放视频节目的时候,画面没有 CRT 显示器那么生动。如何缩短响应时间是目前液晶显示器需要进一步改善的技术难关。目前,市面上销售的 15 英寸液晶显示器的响应时间一般在 25~50ms 左右。

2.3 自测试题

一、选择题

1. 应用软件 CAD,其中文名的含义是(　　)。
   A. 计算机辅助教学　　　　　　　　B. 计算机辅助工程
   C. 计算机辅助设计　　　　　　　　D. 计算机辅助制造
2. 计算机处理器的主要功能是(　　)。
   A. 存储程序　　　B. 执行程序　　　C. 执行 I/O　　　D. 传送数据
3. 计算机的 ROM 存储器具有(　　)的特性。
   A. 存取速度快　　　　　　　　　　B. 存储容量大
   C. 用户可以随时读写　　　　　　　D. 断电后信息仍可以被保存
4. 字节是计算机用于计量存储容量的一种计量单位,通常情况下 1 字节等于(　　)位,也表示一些计算机编程语言中的数据类型和语言字符。
   A. 4　　　　　　　B. 8　　　　　　　C. 10　　　　　　　D. 16
5. 下列 4 种类型的只读存储器中,(　　)是一次性可编程的只读存储器。
   A. EPROM　　　　B. PROM　　　　C. EEPROM　　　D. Flash ROM
6. 下列叙述中,正确的是(　　)。
   A. 硬盘安装在机箱内部,因此属于内存
   B. 断电之后 ROM 存储器中的信息会消失
   C. 断电之后 ROM 存储器中的信息不会消失
   D. 断电之后硬盘中的信息会消失

7. 操作系统是按照（　　）从内存中读取数据的。
   A. 块　　　　　　　B. 文件　　　　　　C. 磁道　　　　　　D. 地址
8. 下列叙述错误的是（　　）。
   A. 计算机使用几小时后，应关机休息一会儿再用
   B. 计算机要经常使用，不要长期闲置
   C. 为了延长计算机的寿命，应避免频繁开关计算机
   D. 在计算机附近应避免磁场干扰
9. 下列软件中属于应用软件的是（　　）。
   A. 用 C 语言编写的 CAD 软件　　　　　B. Windows 2007
   C. SQL Server 2008　　　　　　　　　D. Microsoft Visual Basic 6.0
10. 下列软件中语言处理程序是（　　）。
    A. 用 C 语言编写的 CAD 软件　　　　　B. Microsoft Visual C++ 6.0
    C. Photoshop　　　　　　　　　　　　D. 用 Java 编写的字处理软件
11. 下面的计算机设备中，属于输入设备的是（　　）。
    A. 显示器　　　　　B. 打印机　　　　　C. 键盘　　　　　D. 硬盘
12. 下面的各种设备中，不属于输入设备的是（　　）。
    A. 显示器　　　　　B. 扫描仪　　　　　C. 键盘　　　　　D. 话筒
13. 与软盘相比，U 盘的优点是（　　）。
    A. 体积小、容量小、速度快　　　　　　B. 体积小、容量大、速度快
    C. 体积大、容量小、速度慢　　　　　　D. 体积小、容量大、速度慢
14. 将二进制数 00100100 转换成十六进制数的结果是（　　）。
    A. 100　　　　　　B. 44　　　　　　　C. 24　　　　　　D. 60
15. 以下属于人工智能语言的是（　　）。
    A. Java　　　　　　B. C++　　　　　　C. Python　　　　D. C#
16. 曾作为主要计算机逻辑器件使用的有电子管、晶体管、固体组件和（　　）。
    A. 磁盘　　　　　　　　　　　　　　　B. 磁鼓
    C. 磁芯　　　　　　　　　　　　　　　D. 大规模集成电路
17. 将十进制数 0.6531 转换成二进制数的结果是（　　）。
    A. 0.101001　　　　B. 0.011001　　　　C. 0.100101　　　D. 0.100001
18. 在 CPU 与主存之间设置 Cache 的目的是（　　）。
    A. 提高 CPU 对主存的访问效率　　　　B. 扩大主存的存储容量
    C. 提高外存储器的速度　　　　　　　　D. 既扩大主存容量又提高存取速度
19. U 盘的存储容量为 8GB，8GB 等价于（　　）。
    A. 8×1000×1000×1000B　　　　　　　B. 8×100×1000B
    C. 8×1024×1024×1024B　　　　　　　D. 8×1024KB
20. 在计算机存储设备中存取速度最快的设备是（　　）。
    A. 寄存器　　　　　B. 高速缓存　　　　C. 内存　　　　　D. U 盘
21. 微型计算机的微处理器芯片内封装着（　　）。
    A. 存储器　　　　　　　　　　　　　　B. 控制器、运算器

C. 计算器、存储器　　　　　　　　D. 存储器、I/O 接口
22. 微型计算机与外部设备之间的数据交换采用（　　）。
    A. 串行方式　　　　　　　　　　B. 并行方式
    C. 串行、并行　　　　　　　　　D. 连接方式
23. 在微型计算机机箱中,用于连接和安装各种部件的是（　　）。
    A. 电缆　　　　B. 主板　　　　C. 卡槽　　　　D. 插座
24. 计算机的字长是 4 个字节,说明（　　）。
    A. 能够处理 4 个字符
    B. CPU 一次传送的二进制数码是 32 位
    C. 能够计算的数据是 32 位
    D. 在 CPU 中运算结果最大的是 9999
25. 以下计算机的技术指标中最重要的是（　　）。
    A. 速度、存储量、外部设备　　　　B. 主频、字长、内存容量
    C. 显示器大小、内存容量、打印机　D. 操作系统、内存容量、兼容性
26. 计算机的主频是机器性能的重要指标,很大程度上决定着它的运行速度,主频是（　　）。
    A. 机器的运行速度　　　　　　　　B. 单位时间执行指令的条数
    C. 单位时间传送指令的条数　　　　D. 处理器时钟工作频率
27. 微处理器芯片的位数是（　　）。
    A. 速度　　　　B. 时钟周期数　　C. 指令长度　　D. 字长
28. 为了让开发的软硬件能够应用到多种系统中,需要考虑系统的（　　）。
    A. 兼容性　　　B. 可靠性　　　　C. 扩展性　　　D. 安全性
29. 微型计算机的微处理器的主要功能是进行（　　）。
    A. 算术运算　　　　　　　　　　　B. 逻辑运算
    C. 算术、逻辑运算　　　　　　　　D. 算术、逻辑运算和全机的控制
30. 如果计算机断电,则（　　）中的数据会丢失。
    A. EPROM　　　B. ROM　　　　　C. RAM　　　　D. 回收站
31. 只读存储器（ROM）具有（　　）的特性。
    A. 容量大　　　　　　　　　　　　B. 速度快
    C. 可以读写　　　　　　　　　　　D. 可以读,但不能随时写
32. 计算机的存储层次结构从上自下按照（　　）的次序构成。
    A. 内存、高速缓存、硬盘　　　　　B. 寄存器、高速缓存、内存、硬盘
    C. 高速缓存、寄存器、硬盘、内存　D. 寄存器、高速缓存、硬盘、内存
33. 下列微型机的存储设备中,速度最快的是（　　）。
    A. 高速缓存　　B. 寄存器　　　　C. 硬盘　　　　D. 内存
34. 计算机系统主机和外部设备间是通过（　　）交换数据的。
    A. 网络　　　　B. 通信线路　　　C. 接口　　　　D. 总线
35. 计算机程序由指令构成,指令则由（　　）构成。
    A. 语句和数据　　　　　　　　　　B. 运算符和操作数

C. 源操作数和目的操作数　　　　　　D. 操作码和地址码

36. 十进制有0～9这10个数字符号,称为十进制的10个数码,全部数码的个数称为( )。
   A. 基数　　　B. 位权　　　C. 符号数　　　D. 码数

37. 西文字符采用ASCII码进行编码,ASCII码可以表示( )种字符。
   A. 255　　　B. 127　　　C. 128　　　D. 256

38. 在汉字信息的处理中不属于汉字输入码的是( )。
   A. 全拼　　　B. 自然码　　　C. 郑码　　　D. BIG5码

39. 计算机处理汉字信息的过程是对各种汉字编码间的转换过程,这些编码不包括( )。
   A. 汉字状态码　　　　　　　　　　B. 汉字输入码
   C. 汉字内码　　　　　　　　　　　D. 汉字字形码

40. 以下最大的数是( )。
   A. $(1111)_2$　　B. $(20)_8$　　C. $(16)_{10}$　　D. $(11)_{16}$

41. 显示器的主要技术指标有很多,属于图像清晰度的技术指标的是( )。
   A. 亮度　　　　　　　　　　　　　B. 点距
   C. 屏幕对角线长度　　　　　　　　D. 对比度

42. 一个10GB的存储空间可以保存( )个汉字。
   A. 10×1000×1000B　　　　　　　B. 10×1024B
   C. 5×1024×1024KB　　　　　　　D. 5×1000×1000KB

43. 有关计算机CPU的技术指标有很多,但不包括( )。
   A. CPU的字长　　　　　　　　　　B. 主频
   C. 外频　　　　　　　　　　　　　D. 平均寻道时间

44. 程序员使用( )编辑和调试程序。
   A. Windows 2007　　　　　　　　　B. PowerPoint
   C. Microsoft Visual C++ 6.0　　　　D. Photoshop

45. 下列关于CPU的描述中,不正确的是( )。
   A. CPU的主频越高,处理数据的速度越快
   B. CPU的外频越高,它与内存间的交换速度越快
   C. CPU的工作电压是110V
   D. 地址总线宽度决定CPU可以访问主存储器的空间大小

46. 与静态存储器(SRAM)和动态存储器(DRAM)性质不符的是( )。
   A. DRAM比SRAM的速度快
   B. DRAM需要不停地刷新才能保存数据
   C. DRAM比SRAM集成度高、功耗低
   D. 只要不断电,SRAM中的数据就会一直保存

47. 在计算机系统中CPU具有核心地位,CPU的主要任务是( )。
   A. 存储程序　　　　　　　　　　　B. 执行指令
   C. 控制I/O设备　　　　　　　　　D. 传送数据

48. 计算机 CPU 主频的单位是（　　）。
    A. GB　　　　　B. MB　　　　　C. MIPS　　　　　D. GHz
49. 与内存相比，外存的特点是（　　）。
    A. 存取速度快　　　　　　　　B. 每单位容量的价格高
    C. 断电后信息丢失　　　　　　D. 容量大
50. 以下扩展名中（　　）是视频文件的扩展名。
    A. AVI　　　　　B. WAV　　　　　C. MIDI　　　　　D. MP3
51. （　　）是应用软件。
    A. Photoshop　　　　　　　　B. Android 9.0
    C. SQL Server 2017　　　　　D. Visual Basic 6.0
52. 下列不属于实时系统软件的是（　　）。
    A. MS-DOS　　　　B. LynxOS　　　　C. QNX　　　　D. FreeRTOS
53. 以下程序设计语言中，（　　）不是高级程序设计语言。
    A. Lisp 语言　　　B. Java 语言　　　C. C 语言　　　D. 汇编语言
54. 下列关于进位计数制的描述，正确的是（　　）。
    A. 在计算机内部也可以用八进制数和十六进制数表示数据
    B. B、O、D、H 分别代表二、八、十、十六进制数
    C. 十六进制数 AE 转换成二进制无符号数是 10101110
    D. 十进制数 100 用十六进制数可表示为 $(100)_{16}$
55. 在计算机存储层次中在寄存器与主存之间要设置 Cache，主要目的是（　　）。
    A. 提高 CPU 对主存的访问速度　　　B. 扩大主存的存储容量
    C. 提高外存储器的速度　　　　　　D. 扩大主存容量、提高存取速度
56. 以下存储设备中，属于外部存储器的是（　　）。
    A. U 盘　　　　　B. 虚盘　　　　　C. RAM　　　　　D. Cache
57. 微机硬件系统包括（　　）。
    A. 主机和外部存储器　　　　　B. 显示器、CPU、键盘、网卡、硬盘
    C. 内存储器和外部设备　　　　D. 主机和外部设备
58. 数值 A0H 代表该数据是一个（　　）的数。
    A. 十六进制　　　B. 二进制　　　C. 八进制　　　D. 十进制
59. 如今计算机的发展方向呈现出两极化，即（　　）。
    A. 专用机和通用机　　　　　　B. 微型机和巨型机
    C. 个人机和工作站　　　　　　D. 模拟机和数字机
60. 冯·诺依曼（John von Neumann）在计算机的体系结构方面首先提出了"存储程序"和二进制的概念。那么计算机要用二进制表示数据和指令的原因是二进制数（　　）。
    A. 计算更精确　　　　　　　　B. 运算更快
    C. 容易理解　　　　　　　　　D. 便于硬件实现
61. 早期的计算机在（　　）领域得到广泛应用，并确立了其巨大的优势地位。
    A. 数值计算　　　B. 自动控制　　　C. 人工智能　　　D. 信息处理
62. 在对汉字处理的各个阶段计算机会采用不同的编码形式，输出汉字阶段采用的

是( )。
　　A. 地址码　　　　B. 机内码　　　　C. 输入码　　　　D. 字形码
63. 计算机内存中可访问的物理地址范围是由( )决定的。
　　A. 指令长度　　　　　　　　　B. 数据总线的位数
　　C. 地址总线的位数　　　　　　D. 控制总线的位数
64. 下列设备中,既可向计算机输入数据又能接收计算机输出数据的是( )。
　　A. 打印机　　　　B. 显示器　　　　C. 磁盘存储器　　D. 光笔
65. 下列存储器中,存取周期最短的是( )。
　　A. 内存储器　　　　　　　　　B. 光盘存储器
　　C. 硬盘存储器　　　　　　　　D. U盘存储器
66. 对于办公自动化软件,不正确的表述是( )。
　　A. 实现了办公设备的自动化
　　B. 支持日常办公、无纸化办公
　　C. 支持网上办公、移动办公
　　D. 支持协同办公,是沟通、管理、协作的平台
67. 设计软件时应该考虑用户的应用体验,软件的响应性要求不包括( )。
　　A. 软件应立即让用户知道已经接受了按键或鼠标操作
　　B. 软件响应任何一次用户操作的时间不要超过3s
　　C. 对于较长时间的操作,软件应估算并显示操作进度
　　D. 软件应允许用户在等待期间可以做其他操作
68. 应用程序在运行时如果需要用户输入信息,通常会弹出( )。用户可以在其中按照提示做出选择或输入信息。
　　A. 信息框　　　　B. 对话框　　　　C. 组合框　　　　D. 文本框
69. 以下设备中,不属于移动终端设备的是( )。
　　A. 智能手机　　　B. 平板电脑　　　C. 无绳电话机　　D. 可穿戴设备
70. 搜索引擎中输入( ),即可在互联网上搜索信息。
　　A. 文件大小　　　B. 文件后缀名　　C. 文件类型　　　D. 关键词
71. 计算机内的用户文档是以( )形式存储汉字的。
　　A. 汉字拼音　　　B. 汉字区位码　　C. 汉字内码　　　D. 汉字字形码
72. 以下文件类型中,不属于可执行文件的是( )。
　　A. bmp　　　　　B. com　　　　　C. bat　　　　　D. exe
73. 用户界面常有的元素不包括( )。
　　A. 菜单　　　　　B. 按钮　　　　　C. 帮助　　　　　D. 数据库
74. 使用Cache可以提高计算机的运行速度,这是因为( )。
　　A. Cache可以增加内存的容量　　　B. Cache可以增加硬盘的容量
　　C. Cache可以缩短CPU的加工时间　D. Cache的存取速度比内存快
75. 目前流行的笔记本电脑,其内存容量一般以( )单位标注。
　　A. KB　　　　　B. MB　　　　　C. GB　　　　　D. TB

76. 在微型机的主板上，最核心的芯片是（　　）。
    A. CPU　　　　B. 内存条　　　　C. 高速缓存　　　　D. 扩展卡
77. 设备（　　）程序通常是能够自动启动，支持后台运行，不打开窗口，并可用于在外设与计算机之间建立通信。
    A. 测试　　　　B. 诊断　　　　C. 驱动　　　　D. 控制
78. 想要把数码照相机中的照片传送到计算机，需要将连接线一头插入照相机，另一头插入计算机的（　　）接口。
    A. RS-232　　　　B. USB　　　　C. VGAHDB-15　　　　D. 并行
79. 软件产品的包装上一般都注明了该软件的系统要求（基本配置和推荐配置），其中不包括（　　）。
    A. 操作系统及其版本　　　　　　　B. 所需的磁盘空间大小
    C. 最低的硬件配置　　　　　　　　D. 能满足的最高应用需求
80. PC 各部件的工作电压大多为 $-12 \sim +12V$，并且是直流电，而日常市电却是 220V 交流电。因此，PC 内需要有（　　）为计算机部件（如主板、驱动器、显卡等）供电。
    A. 路由器　　　　B. MODEM　　　　C. 计算机电源　　　　D. ADSL

二、简答题

1. 现在计算机基本结构还是冯·诺依曼（John von Neumann）体系结构，该结构包括哪几部分？
2. 计算机的发展经历了哪几个阶段？
3. 计算机的应用领域主要有哪些？
4. 计算机系统的组成及各主要部件的功能是什么？
5. 什么是计算机软件？软件系统的主要任务是什么？
6. 处理机（CPU）的主要性能指标有哪些？
7. 存储器的分类及各自的任务是什么？
8. 作为一种最常见的计算机，微型计算机的硬件主要包括哪些？
9. 通常情况下，内存是如何分类的？
10. 机器指令由哪两部分组成？这两部分组成的作用各是什么？
11. 微型计算机系统中的系统总线分为哪几种？
12. USB 接口的作用是什么？
13. 显示器接口的种类及特性是什么？
14. 存储容量的计量单位包括哪些？

2.4　自测试题答案与分析

一、简答题

1. C　　2. B　　3. D　　4. B　　5. B
6. C　　7. D　　8. A　　9. A　　10. B

11. C	12. A	13. B	14. C	15. C
16. D	17. A	18. D	19. C	20. A
21. B	22. C	23. B	24. B	25. B
26. D	27. D	28. A	29. D	30. C

【解析】 内存储器分为 ROM 和 RAM 两种类型。

(1) 保存在 ROM 中的信息在设备出厂时就已由厂家写入,这些信息只能由 CPU 读出,设备断电后其中的内容也不会丢失。

(2) 保存在 EPROM(可擦除可编程的只读存储器)中的内容可以读出和写入,还可以多次被修改。不过需要先要用紫外线照射 15～20min,才可以擦去信息,然后再用专用设备写入信息,断电也不会导致 EPROM 中的内容丢失。

(3) 回收站是操作系统在硬盘上开辟的一块区域,用于记录被删除的文件,需要时还可以恢复。因为回收站被保存在硬盘上,断电不会导致回收站的数据丢失。

(4) RAM 是内存储器的主要组成部分,既可以读取数据也能存入数据。RAM 中存储的信息比较容易丢失,若存储器断电,其中所存储的信息也会随之丢失。

31. D
32. B

【解析】 在计算机体系结构中存储系统层次结构的排列顺序,如图 2-6 所示。其中每一层与下一层相比都具有较高的速度和较差的延迟性,以及较小的容量,较高的价格。中央处理器中的寄存器的速度都非常快,相比之下主存的速度则比较慢,所以这会造成它们速度上的不匹配。增加高速缓存的目的就是为了解决这个问题。计算机的存储层次通常分为 4 层:CPU 的寄存器、高速缓存、主存和辅存(如硬盘)。CPU 能在一个时钟周期内访问 CPU 寄存器,接下来各层次的访问速度依次递减。例如,在几个 CPU 时钟周期内可以访问基于 SRAM 的高速缓存存储器,在几十或者几百个时钟周期内可访问基于 DRAM 的主存,访问速度最慢。因此,给系统配置存储器时一般会考虑 3 方面的因素:容量、速度、价格。但是三者不可兼得,一般来讲,速度高的存储器,每位价格也高,因此容量不能太大。对于单一的存储器部件来说,大容量、高速度、低价格是很难同时满足的。根据"局部性原理",现代计算

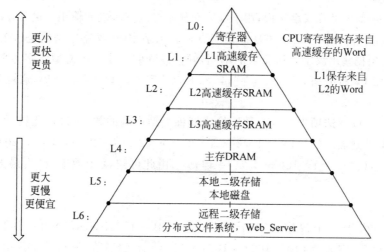

图 2-6 存储系统层次结构

机系统中经常采用分层结构的存储器,可以做到3个方面因素的综合平衡。另外,任意高速存储设备都可以作为低速存储设备的缓存,这也是采用存储层次结构主要原因之一。

33. B
34. C
35. D

【解析】 指令是指计算机能够实现的基本操作,指令以二进制数形式来存储,由操作码和地址码构成。操作码规定了计算机可以执行哪些操作;地址码指明计算机到存储器的哪个单元地址中读取操作的数据;程序则是由若干条指令形成的集合。

36. A

【解析】 基数是指每一种计数进制中数符的个数,数值运算时要按基数进位、借位。

37. C

【解析】 ASCII码用1个字节的7位二进制编码表示,其中最高位为0,共有128个常用字符,所以 ASCII 码的码值是0~127(二进制的0000000~1111111)。

38. D

【解析】 在汉字信息处理中全拼、自然码、郑码都是汉字输入码,BIG5 码属于汉字内码。BIG5 码又称大五码,是在使用繁体中文情况下最常用的计算机标准汉字字符集,共收录 13 060 个汉字。BIG5 码于 2003 年被收录到 CNS11643 中文标准交换码的附录,获得了正式的地位,其新版本被称为 BIG5-2003。

39. A

【解析】 (1)汉字输入码是输入汉字时所用的编码,常见的输入码有微软拼音码、谷歌拼音码、五笔形码、郑码等。到目前为止,人们发明的汉字输入码已经超过 500 种。

(2)汉字内码即汉字机内码,又称为"汉字 ASCII 码",简称为"内码",指存储于计算机内部的,在处理加工和传输汉字时所用的,由 0 和 1 符号组成的代码。输入码在被接受以后就由汉字操作系统的"输入码转换模块"转换为内码,内码是汉字最基本的编码,与所采用的汉字系统键盘输入法无关。输入的汉字外码到机器内部都要转换成内码,然后才能被存储和进行各种处理。

(3)汉字字型码又称汉字字模,用于汉字在显示屏或打印机的输出。通常,汉字字型码有两种表示方式:点阵和矢量表示方法。当用点阵表示字型时,汉字字型码是这个汉字字型点阵的代码。可根据输出汉字质量要求的不同,调整点阵的大小。简易型汉字为 16×16 点阵,提高型汉字为 24×24 点阵,32×32 点阵,48×48 点阵等。没有汉字状态码,这是编造的答案。

40. D

【解析】 可以将选项中的 4 个数转换成同种类型进制的数,再进行比较,例如将 4 个选项都转换成十进制数。$(1111)_2 = 1×2^3+1×2^2+1×2^1+1×2^0 = (15)_{10}$,$(20)_8 = 2×8^1 + 0×8^0 = (16)_{10}$,$(11)_{16} = 1×16^1 + 1×16^0 = (17)_{10}$,由此可知,4 个数中 $(11)_{16}$ 最大。

41. B
42. C

【解析】 由于 1 个汉字占 2 个字节,而 1KB = 1024Bytes,1MB = 1024KB,1GB = 1024MB,故 10GB 空间是 (10×1024×1024×1024)/2 个字节,所以 10GB 空间可以保存 5×1024×1024KB 个汉字。

43. D

【解析】 CPU的字长、主频、外频都是计算机CPU的技术指标,平均寻道时间是计算机硬盘的技术指标。

44. C

【解析】 Windows 2010是操作系统,是支持语言处理软件和各种应用软件运行的系统软件。PowerPoint是演示文稿制作软件。Photoshop是图像处理软件。Microsoft Visual C++ 6.0是C语言程序的集成化开发工具软件,可以编辑、编译、链接和运行C/C++程序。

45. C

【解析】 CPU的工作电压一般为1~1.5V。CPU的工作电压是指CPU正常工作时所需的电压,如Intel Core 2Duo E4300处理器,采用65nm工艺,其电压只有1.32V。

46. A

【解析】 动态随机存取存储器DRAM需要周期性的刷新才能保持数据不丢失,而且是行列地址复用的,许多都有页模式。静态的随机存取存储器SRAM在加电情况下不需要刷新,数据不会丢失,不采用行列地址复用。SRAM内部采用的是双稳态电路的形式来存储数据,所以SRAM的电路结构非常复杂。制造相同容量的SRAM比DRAM的成本高得多。

47. B

48. D

【解析】 主频也叫时钟频率,单位是赫兹(Hz),用于表示CPU的运算速度。CPU的主频=外频×倍频系数。

49. D

【解析】 比起内存来外存的特点是容量大,价格较低,但访问速度慢。

50. A	51. A	52. A	53. D	54. C
55. D	56. A	57. D	58. A	59. B
60. D	61. A	62. D	63. C	64. C
65. A	66. A	67. B	68. B	69. C
70. D	71. C	72. A	73. D	74. D
75. C	76. A	77. C	78. B	79. B
80. C				

二、简答题

1.【答案】 目前计算机主要还是冯·诺依曼(John von Neuman)体系结构的计算机,它由5个基本部分组成:运算器、控制器、存储器、输入设备和输出设备。程序和数据用二进制数表示。计算机采用存储程序控制方式工作(存储程序工作原理)。

2.【答案】 迄今为止,计算机的发展经历了四代,是按照计算机硬件所采用的基本元器件划分的。各代计算机采用的基本元器件有:第一代的电子管、第二代的晶体管、第三代的中小规模集成电路、第四代的大规模与超大规模集成电路。

3.【答案】 应用主要包括:科学计算(数值计算);数据处理(信息处理);电子商务;计算机辅助设计与制造;过程控制(实时控制);人工智能;虚拟现实。

4.【答案】 宏观上计算机系统由计算机硬件和软件两大部分组成。

(1) 硬件的组成包括：处理机、存储器、输入设备、输出设备。其中，处理机(CPU)是计算机的核心部件，由控制器和运算器构成，能够让计算机从外部世界获得信息的设备称为输入设备，如鼠标、键盘、光笔、扫描仪、话筒、数码相机、摄像头、手写板等。经计算机处理之后的结果以人们能够识别的形式表示出来的设备叫输出设备，如显示器、打印机、绘图仪、音箱、投影仪等。保存程序和数据的设备是存储器，分成内存和外存，外存有硬盘、光驱、U盘等。

(2) 软件的组成包括：系统软件(使用和管理计算机的软件)和应用软件(为特定应用领域设计的软件)。从层次结构上来说，系统软件一般位居计算机系统中的下层，其他软件一般通过系统软件发挥作用。如操作系统、编译程序、网络软件系统、数据库系统、人机交互软件系统等。此外还包括一些支撑软件，如环境数据库、各种接口软件和工具组等。应用软件是指在特定应用领域中专用的软件。常见的应用软件有企业信息管理软件、自动控制软件、辅助教学软件、辅助设计软件和文字处理软件等。

5.【答案】 软件是控制计算机运行的各种程序的集合，以及开发、使用和维护这些程序所需的技术资料。换言之，软件是计算机系统中的程序及其文档的总和。IEEE将软件定义为：软件是计算机程序、方法、规则、相关的文档资料以及在计算机上运行的程序时所必需的数据的集合。程序是计算任务的处理对象和处理规则的描述。文档是为了便于了解程序所需的阐明性资料。软件系统的主要任务是提高机器的使用效率、发挥和扩大机器的功能和用途，为用户使用计算机系统提供方便。

6.【答案】 (1) CPU 的字长，是指在单位时间内(同一时间)能一次处理的二进制数的位数。每条数据总线只能传递1个数据位。该指标反映CPU内部运算处理的速度和效率。

(2) 位宽，是指当CPU通过外部数据总线与外部设备建立连接时，在实现相互通信中一次数据交换能够传递的数据的位数。

(3) X 位 CPU，通常用 CPU 的字长和位宽来命名 CPU。如 80286 CPU 的字长和位宽都是 16 位，所以又称为 16 位 CPU；386 的字长是 32 位，位宽是 16 位，称为准 32 位 CPU；Pentium CPU 字长是 32 位，位宽是 64 位，称为超 32 位 CPU。

(4) 主频，是 CPU 内核电路的实际运行频率，所以也称为 CPU 内频或工作频率，用于表示 CPU 的运算速度。

(5) 外频。CPU 的总线频率叫外频，是主板为 CPU 提供的基准时钟频率，也称为前端总线频率或系统总线频率。CPU 的外频越高，CPU 与内存之间的交换速度也越快，能较大地提高计算机的运行速度。

(6) 倍频。主频和外频之间相差的倍数称为倍频，CPU 主频＝外频×倍频，如某 CPU 的倍频系数为 3，外频为 100MHz 时，CPU 的主频＝100MHz×3＝300MHz(每秒 300M 个脉冲信号)。

(7) 超频。能让 CPU 在高于标准的时钟频率时运行的频率称为超频。一般情况下，CPU 都能在正常工作电压下调高速度运行，Intel 的 Pentium Ⅱ 系列的 CPU，在正常供电情况下，通常能够将速度调高 25%，但使用超频具有一定的风险。

(8) 生产工艺，通常用微米(μm)来描述。精度越高，生产工艺越先进，加工出的连线也越细。

(9) 核心数量。多核 CPU 是将多个功能相同的处理器核心集成在同一块芯片上，在提高性能的同时也有效地避免了单一提高主频所带来的 CPU 功耗和散热问题。目前，主流的多核 CPU 的核心个数多为 2 或 4。

7.【答案】 存储器是计算机中用于存放程序和数据的记忆装置，即计算机中的全部信息，包括各种原始信息、加工处理之后信息、对数据信息进行加工处理的一系列指令都存放其中。存储器按照用途可分为主存储器（内存）和辅助存储器（外存）。内存是主机箱内主板上的存储部件，采用半导体器件和磁性材料制成，用于存放正在运行的数据和程序，内存可直接和运算器、控制器交换数据。内存的特点是容量较小、速度快、价格较高。外存是由磁性介质、光盘等制成的存储器，能长期保持信息，具有容量大、速度慢、价格低的特点。近年来流行的固态硬盘（简称为固盘）是由固态电子存储芯片阵列制成的硬盘，由控制单元和存储单元（FLASH 芯片、DRAM 芯片）组成。固态硬盘在接口的规范和定义、功能及使用方法上与普通硬盘的完全相同，在产品外形和尺寸上也完全与普通硬盘一致。固盘已经被广泛应用于各种设备和诸多领域中。

8.【答案】 微型计算机简称为"微型机"或"微机"，在某些应用中具备部分人脑的功能，所以微型计算机也称为"微电脑"。微型计算机是由大规模集成电路组成的，体积较小。微型计算机以微处理器为处理器，配以内存储器、外存储器（如硬盘）及输入输出接口电路和辅助电路，从而构成的计算机。

9.【答案】 内存通常分为只读存储器（ROM）、随机存储器（RAM）和高速缓冲存储器（Cache）。

(1) 只读存储器中所保存的数据和程序一般是厂家事前写好的，计算机工作时只能从中读出，而不像随机存储器那样能方便地写入数据和程序。ROM 所保存的数据在机器断电后也不会改变。ROM 的结构比较简单，读出较方便，常用于存储各种固定的程序和数据。在计算机主板上的 ROM 里面固化了基本输入/输出系统（BIOS），该程序主要是完成对系统的加电自检、各功能模块的初始化，ROM 中还保存有基本输入/输出的驱动程序及操作系统引导程序。

(2) 随机存取存储器（RAM）又称为随机存储器，是与 CPU 直接交换数据的内部存储器。CPU 可以随时快速地读写随机存储器中的数据，它是操作系统或其他运行中的程序的临时数据存储体。所以缺了它，程序就不能运行。存储单元的内容可随意被读出或存入，且存取的速度与存储单元的位置无关。RAM 在断电时会丢失存储的内容。随机存储器又分为静态随机存储器（SRAM）和动态随机存储器（DRAM）。

(3) 高速缓冲存储器（Cache）是一种存取速度比随机存储器快的随机存储器，使用价格昂贵又快速的 SRAM 技术的记忆体。高速缓冲存储器的存取速度介于主存和 CPU 之间，由静态存储芯片（SRAM）组成，容量比较小但速度比主存高得多。它是在计算机存储系统的层次结构中介于中央处理器和主存储器之间的高速小容量存储器。它和主存储器一起构成一级的存储器。高速缓冲存储器和主存储器之间信息的调度和传送是由硬件自动完成的。

10.【答案】 机器指令由操作码和操作数组成。操作码规定了指令在 CPU 上产生的硬件动作。操作数可以是被加工的数据，也可以是数据的地址，用于指定操作对象。

11.【答案】 计算机系统中的系统总线分为：数据总线、地址总线、控制总线。数据总线用于传送数据信息。它是双向三态形式的,可以把 CPU 的数据传送到存储器或 I/O 接口等部件,也可以将各部件的数据传回 CPU。地址总线用于传送地址,即 CPU 将地址传向外部存储器或 I/O 端口。与数据总线不同,地址总线是单向三态的。控制总线用于传送控制信号和时序信号。控制信号是双向的,有的从微处理器送往存储器和 I/O 接口电路的,如读写信号和中断响应信号等;有的从其他部件回送给 CPU,如中断申请信号、复位信号、总线请求信号、设备就绪信号等。

12.【答案】 USB 是一种外部总线标准,用于计算机与外部设备的连接和通信。USB 接口支持设备的即插即用和热插拔功能。USB 接口可用于连接多达 127 种外设,如鼠标、调制解调器和键盘等。该标准于 1994 年由 Intel、康柏、IBM、Microsoft 等多家公司联合提出。自 USB 推出之后,正逐步取代串行口和并行口接口,成为个人计算机和智能设备必配接口之一。历经多年,USB 已经发展到 3.0 版本。

13.【答案】 常见的显示接口有 DVI 接口、HDMI 接口、VGA 接口 3 种。VGA 接口是一种色差模拟传输接口(D 型口)上面有 15 个孔,分别用于传输不同的信号,另外 VGA 接口还称为 D-Sub 接口。

VGA 接口的特性是能够支持高达 2048×1536 分辨率画面传输。VGA 接口通过模拟信号传输,所以容易受干扰,信号转换容易带来信号的损失。在 1080P 分辨率下,用户就可以通过肉眼明显地感受到画面的损失。DVI 接口是 1999 年由数字显示工作组 DDWG 推出的接口标准,专为 LCD 显示器这样的数字显示设备而设计的。DVI 接口有多种规格,可分为 DVI-A、DVI-D 和 DVI-I。

14.【答案】 计算机存储量的计量单位有字节(B:byte)、千字节(KB:kilobyte)、兆字节(MB:megabyte)、吉字节(GB:gigabyte)、太字节(TB:terabyte)和拍字节(PB:Petabyte)等。它们之间的换算关系:1Byte=8bits,1KB=1024Bytes,1MB=1024KB,1GB=1024MB,1TB=1024GB,1PB=1024TB。例如,10MB 的存储量是:$10 \times 1024 \times 1024$B,即 10 485 760 个字节。

第3章 操作系统

3.1 学习目标

很多人每天都在与计算机操作系统打交道。但是操作系统在计算机系统中的作用是什么？它到底有哪些功能？本章将围绕与操作系统相关的基础知识进行讲解，并对试题进行解析。

本章学习目标：
- 掌握操作系统的基础知识；
- 掌握操作系统的功能；
- 理解操作系统的文件管理；
- 掌握 Windows 7 操作系统的功能及其使用方法。

3.2 典型例题解析

一、判断题

1. 第一代计算机几乎没有安装操作系统。（　　）
2. 嵌入式系统中一般都要使用实时操作系统。（　　）
3. Linux 是一个较好的，能够支持多用户、多任务，实时性的免费操作系统。（　　）
4. 一个应用程序窗口中只能显示一个文档（工作）窗口。（　　）
5. 复选框的意思是可以复选，而且选取任何一项都不影响其他项的选取。（　　）
6. 窗口中的工具栏，上面的每一个按钮都代表一条命令。（　　）
7. "假脱机"技术是实现虚拟设备的有效方法。（　　）

【答案】

1. 对。第一代计算机以人工操作为主，没有安装操作系统。

2. 对。现在嵌入式系统的硬件条件较好，可以安装实时操作系统。嵌入式系统大多采用嵌入式实时操作系统 RTOS。

3. 对。Linux 是一套免费使用和自由传播的类 UNIX 操作系统，是一个基于 POSIX 和 UNIX 的多用户、多任务、支持多线程和多 CPU 的操作系统。它能运行主要的 UNIX 工具软件、应用程序和网络协议,支持 32 位和 64 位硬件。Linux 继承了 UNIX 以网络为核心的设计思路,是一个性能稳定的多用户网络操作系统。

4. 错。计算机的一个应用程序窗口中可以显示多个文档,而在手机上只能显示一个文档,因为不能分屏,不过 WPS 可以同时显示多个文档。

5. 对。复选框是一种可同时选中多项的基础控件,一般控制的方法是按住 Ctrl 键,再左击,进行点选操作来完成复选多个目标。

6. 对。工具栏:在菜单栏下面,一些常用命令的快捷方式被放在工具栏上。

7. 对。假脱机 SPOOLing,即外围设备联机并行操作,它是一种速度匹配和虚拟设备技术。即用一种物理设备模拟另一类物理设备,使各作业在执行期间只使用虚拟的设备,而不直接使用物理的独占设备。这种技术可使独占的设备变成可共享的设备,使设备的利用率和系统效率都能得到提高。

二、选择题

1. 操作系统的主要功能不包括( )。
   A. 设备管理   B. 文件管理   C. 处理机管理   D. 实时服务

【答案】 D。

【解析】 操作系统的主要功能包括:处理机管理、内存管理、设备管理、文件管理、作业管理。

2. 下列( )不属于按设备共享属性分类的项目。
   A. 虚拟设备   B. 块设备   C. 共享设备   D. 独占设备

【答案】 B。

【解析】 按设备共享属性可分为虚拟设备、共享设备、独占设备。

3. 操作系统的主体是( )。
   A. 数据   B. 程序   C. 内存   D. CPU

【答案】 B。

【解析】 操作系统是一种系统软件(程序)。

4. 文件系统的多级目录结构是一种( )。
   A. 线性结构   B. 树型结构   C. 散列结构   D. 双链表结构

【答案】 B。

【解析】 文件系统的多级目录结构是典型的树型结构。

5. 在搜索文件或文件夹时,若用户输入"*.*",则将搜索( )。
   A. 所有含有 * 的文件   B. 所有扩展名中含有 * 的文件
   C. 所有文件   D. 以上都不对

【答案】 C。

【解析】 *.* 使用了文件通配符,代表多个任意字符。通配符是一种特殊语句,主要有星号(*)和问号(?),可以用来模糊搜索文件。当查找文件夹时,可以使用它来代替一个或多个真正字符;当不知道真正字符或者不想输入完整名字时,常常使用通配符代替一个或多个真正的字符。

6. 在下列操作系统中,属于分时系统是( )。
   A. UNIX   B. MS-DOS
   C. Windows 2000/XP   D. Novell Netware

【答案】 A。

【解析】 UNIX 操作系统是一个多用户、多任务操作系统,支持多种处理器架构,按照操作系统的分类它属于分时操作系统。

7. Windows XP 支持的文件系统不包括( )。
   A. FAT32   B. NTFS   C. HPFS   D. exFAT

【答案】 C。

【解析】 Windows XP 可以支持的文件系统有 FAT16、FAT32、NTFS。高性能文件系统(High Performance File System,HPFS),最早是随 OS/2 1.2 引入的,引入的目的是提高访问当时市场上出现的更大硬盘的能力。

3.3 自测试题

一、选择题

1. 计算机操作系统是( )。
   A. 软件   B. 系统软件   C. 语言处理程序   D. 监控程序
2. 计算机操作系统是对计算机硬件功能的第一次扩展,用于管理计算机的( )。
   A. 硬件   B. 软件   C. 资源   D. 数据
3. 美国苹果公司的手机操作系统简称是( )
   A. Android   B. IOS   C. iOs   D. iOS
4. 下列操作系统中单用户单任务操作系统是( )。
   A. Android   B. Windows XP   C. Windows 98   D. MS-DOS
5. Windows 中程序与程序间可以用( )交换信息。
   A. 记事本   B. 剪贴板   C. Word   D. WPS
6. 以( )为扩展名的文件称为可执行文件。
   A. exe   B. docx   C. txt   D. xls
7. 以( )为扩展名的文件称为图像格式文件。
   A. html   B. docx   C. mp3   D. jpeg
8. 操作系统的基本特征是并发性、共享性、异步性和( )。
   A. 可靠性   B. 安全性   C. 虚拟性   D. 可扩展性
9. 多道程序系统是指( )。
   A. 多个程序宏观上并行、微观上串行执行
   B. 多个程序宏观上串行、微观上并行执行
   C. 多个程序宏观上并行、微观上并行执行
   D. 多个程序宏观上串行、微观上串行执行
10. 关于进程以下说法正确的是( )。

A. 程序就是进程,进程就是程序　　　　B. 进程是一个可以执行的程序
C. 进程是动态的,程序是静态的　　　　D. 进程是静态的,程序是可以执行的

11. 在进程的3种基本状态中,从执行状态被撤下,等待某事件发生的状态是(　　)态。
    A. 就绪　　　　　B. 退出　　　　　C. 执行　　　　　D. 阻塞

12. 在进程的3种基本状态中,除CPU以外所有资源都具备的状态是(　　)态。
    A. 就绪　　　　　B. 退出　　　　　C. 执行　　　　　D. 阻塞

13. 在进程的3种基本状态中,所有资源都具备的状态是(　　)态。
    A. 就绪　　　　　B. 退出　　　　　C. 执行　　　　　D. 阻塞

14. 在支持线程的操作系统中,关于进程说法正确的是(　　)。
    A. 进程是调度CPU的基本单位,线程由多个进程组成
    B. 进程是分配资源的基本单位,线程调度CPU的一个基本单位
    C. 进程是由多个线程构成,进程是调度CPU的一个基本单位
    D. 在Windows中线程是资源的分配单位

15. 关于操作系统中的文件管理,以下说法正确的是(　　)。
    A. 文件管理的目的是让文件不要太乱
    B. 文件管理的目的是文件有存放的地方
    C. 在文件系统的管理下,用户可以按照文件名访问文件
    D. 在Windows中被设为隐藏属性的文件一定是不可见

16. 在同时按下(　　)组合键之后,就可以打开Windows的任务管理器。
    A. Ctrl+A　　　　　　　　　　　　B. Ctrl+C
    C. Ctrl+Alt+Delete　　　　　　　　D. Alt+Tab+Esc

17. 在Windows的操作中要连续选中多个文件,可以先选择开始文件项,(　　)再单击最后一项。
    A. 按住Alt键　　　　　　　　　　　B. 按住Ctrl键
    C. 按住Esc键　　　　　　　　　　　D. 按住Shift键

18. 在查找文件时,如果输入"A*.*",系统将搜索(　　)。
    A. 所有文件名中含"A*"的文件　　　　B. 所有扩展名包含"*"的文件
    C. 所有文件名中含"A"开头的文件　　　D. 所有文件

19. 通过资源管理器选择不连续的多个文件,按住(　　)键,单击要选的文件。
    A. Ctrl　　　　　B. Shift　　　　　C. Alt　　　　　D. Tab

20. 关于设备管理的说法,不正确的是(　　)。
    A. USB设备支持即插即用
    B. USB设备不支持热插拔
    C. 通过USB连接的打印机可以不安装驱动程序
    D. USB设备支持热插拔

21. 关于实时系统的说法,不正确的是(　　)。
    A. 实时系统的任务是有一定的时间约束的
    B. 大多数实时系统对于可靠性要求都较低
    C. 实时系统的正确性依赖系统计算的逻辑结果和产生这个结果的时间

D. 实时系统能对实时任务的执行时间进行判断

22. 计算机硬件设备可以"即插即用"意味着（　　）。

　　A. 光盘插入光驱后即会自动播放其中的视频和音频

　　B. 外设与计算机连接后用户就可以使用外设

　　C. 在主板上加插更多的内存条就能扩展内存

　　D. 计算机电源在接通电源后，计算机便能自动启动

23. 对计算机操作系统的引导过程，不正确的是（　　）。

　　A. 计算机的引导程序驻留在 ROM 中，开机后便自动执行

　　B. 引导程序先做关键部件的自检，并识别已连接的外设

　　C. 引导程序会将硬盘中存储的操作系统全部加载到内存中

　　D. 若计算机中安装了双系统，引导程序会与用户交互加载有关系统

24. 在 Windows 7 中，（　　）可以让用户方便快捷地查看笔记本电脑的电池用量，调节笔记本电脑的屏幕亮度，打开或关闭无线网卡等。

　　A. Windows 移动中心　　　　　　　B. 设备管理器

　　C. 屏幕显示管理　　　　　　　　　D. 账户管理

25. 在 Windows 7 中，下列关于屏幕显示管理的叙述，不正确的是（　　）。

　　A. Windows 7 系统能帮助用户为显示器选择标准的分辨率

　　B. 显示器的刷新频率为 60 Hz，不能进行更改

　　C. 校准显示器的颜色可以确保屏幕呈现相对正确的色彩

　　D. 可以对显示的文本大小进行单独调节，不需要通过降低显示器分辨率来增大文本的显示尺寸

26. 以下关于计算机操作系统的叙述，不正确的是（　　）。

　　A. 操作系统是方便用户管理和控制计算机资源的系统软件

　　B. 操作系统是计算机中最基本的系统软件

　　C. 操作系统是用户与计算机硬件之间的接口

　　D. 操作系统是用户与应用软件之间的接口

二、填空题

1. 操作系统的 4 大基本功能包括_____、_____、处理机管理、文件管理。

2. 在 3 种传统操作系统（批处理系统、分时系统、实时系统）中，具有良好的交互性和及时性的操作系统是_____。

3. 在批处理系统、分时系统和实时系统这 3 种操作系统中，可靠性最好、能够及时响应事件的操作系统是_____。

4. 系统吞吐量最高，但交互性较差的操作系统是_____。

5. 在操作系统 UNIX、MS-DOS、Windows 98 中，属于单用户多任务操作系统的是_____。

6. Windows 可以采用的文件系统有_____。

7. 要搜索所有文件名的头两个字符是 XX 且扩展名是 .jpg 的文件，要输入_____。

8. 在 Windows 的文件管理中，文件的路径分为_____。

9. 操作系统内存管理的功能主要包括：主存空间的分配与回收、_____、主存空间的共享和_____，以及_____。

10. 当处于运行状态的进程时间片用尽时，将变为_____状态。

11. 运行状态的进程发生除数为 0 事件时，该进程将变为_____状态。

12. 目前，占比最大的智能手机的操作系统是_____操作系统。

13. 在 Windows 的文件管理系统中，D 盘根目录下的文件的路径是_____。

14. 一个应用程序如果被放置到_____文件夹中，在启动 Windows 时，这个文件就可以自动启动。

15. Windows 的用户包括_____。

16. 在 Windows 对硬盘实行分区管理时，将磁盘分成_____。

17. 航空订票系统的操作系统会是_____。

18. 建立快捷方式是为简便操作而采取的一种措施，一个对象可以建立_____快捷方式。

3.4 自测试题答案与分析

一、选择题

1. B	2. C	3. D	4. D	5. B
6. A	7. D	8. C	9. A	10. C
11. D	12. A	13. C	14. B	15. C
16. C	17. D	18. C	19. A	20. B
21. B	22. B	23. C	24. A	25. B
26. D				

二、填空题

1. 内存管理、设备管理

【解析】 从资源管理的观点出发，与计算机系统的 4 类资源相对应的操作系统的功能包括：处理器管理、存储管理、文件管理、设备管理 4 个基本部分。此外，批处理操作系统要对程序任务使用资源的整个过程进行管理，即作业管理，它们构成了批处理操作系统的五大功能。

2. 分时系统

【解析】 分时系统是指一台主机上连接了多个带有显示器和键盘的终端，同时允许多个用户共享主机中的资源，各个用户都可通过自己的终端以交互方式使用计算机。推动分时系统形成和发展的主要动力是用户的需要，如人机交互性、共享主机，这些都便于用户上机。

3. 实时系统

【解析】 实时操作系统是指能对来自外部的请求和信号在限定的时间范围内做出及时响应的操作系统。实时系统对响应时间的要求比分时系统更高，一般要求秒级、毫秒级甚至微秒级的响应时间。

4. 批处理系统

5. Windows 98

6. FAT32、exFAT、NTFS

7. XX*.jpg

8. 绝对路径、相对路径

9. 地址重定位、保护、内存空间的扩充

【解析】 存储管理主要负责内存的分配与回收,存储和保护内存中程序和数据,以及扩充内存等,存储管理的目的是提高内存的利用率。地址映射(物理地址、逻辑地址),内存扩展(虚存)。

10. 就绪

11. 退出

12. Android

13. D:\

14. 启动

15. 标准用户和管理员

16. 主分区和扩展分区

17. 实时操作系统

18. 多个

第 4 章 程序设计基础知识

4.1 学习目标

计算机的计算能力须通过软件和硬件释放出来,而软件的重要成分之一是程序。程序须由程序设计语言和算法来实现。下面将对程序设计的相关知识进行讲解,并进行必要的练习。

本章学习目标:
- 掌握程序设计语言和程序设计方法的基础知识;
- 掌握数据结构的基础知识;
- 掌握算法分析和设计的基本概念。

4.2 典型例题解析

1. 在计算机程序设计语言中,可以直接被计算机识别并执行的是(   )。
   A. 机器语言   B. 汇编语言   C. 算法语言   D. 高级语言

【答案】 A。

【解析】 可以被计算机直接执行的只有机器语言程序,机器语言程序由机器指令构成,它是二进制形式的,由指令操作码和地址码构成。

2. 编译程序对高级语言源程序进行翻译时,需要在该程序的地址空间中为变量指定地址,它叫(   )。
   A. 逻辑地址   B. 物理地址   C. 接口地址   D. 内存地址

【答案】 A。

【解析】 编译程序对高级语言源程序进行翻译时,程序的地址中为变量指定的地址是一种相对地址,是从 0 开始编址的,装入内存,当要运行时才转换成物理地址。即在具有地址变换功能的计算机中,访内指令给出的地址(操作数)也称为逻辑地址,也称为相对地址。要经过寻址方式的计算或变换才得到内存储器中的实际有效地址,即物理地址。

3. 结构化程序设计强调的是程序的(   )。
   A. 可移植性   B. 易读性   C. 执行效率   D. 规模

【答案】 B。

【解析】 结构化程序设计主要强调的是程序的清晰易读性,以及程序的可理解性。

4. 结构化程序设计是面向( )的设计方法。
   A. 模块　　　　　B. 结构　　　　　C. 过程　　　　　D. 对象

【答案】 C。

【解析】 结构化程序设计是面向过程的设计方法。面向过程(Procedure Oriented)是一种以过程为中心的编程思想。面向过程是一种自上而下、步步求精的方法。面向过程的设计方法最重要的思想方法是模块化。

5. 软件部件的内部实现与外部可访问性分离是软件的( )。
   A. 继承性　　　　B. 共享性　　　　C. 封装性　　　　D. 多态性

【答案】 C。

【解析】 封装性就是把对象的成员属性和成员方法结合成一个不可分割的独立单位,并尽可能地隐藏对象的内部细节。信息隐蔽即隐藏对象的内部细节,只保留有限的对外接口,便于与外部发生联系。

6. 一个对象向另一个对象请求服务时,要向它发出( )。
   A. 请求　　　　　B. 命令　　　　　C. 消息　　　　　D. 邀请

【答案】 C。

【解析】 对象之间是通过传递消息来相互联系的,一个消息由3部分组成:接收消息的对象、接收对象要采取的方法、该方法需要的参数。

7. 面向对象程序设计中的信息隐蔽是通过( )实现的。
   A. 对象的继承　　　　　　　　　B. 对象的多态
   C. 对象的封装　　　　　　　　　D. 对象的映射

【答案】 C。

【解析】 对象封装,即隐藏对象的属性和实现细节,仅公开接口,目的是控制程序对象属性和操作的访问级别;将抽象得到的数据和行为(或功能)相结合,也就是将数据与操作数据的源代码的结合,形成"类",其中的数据成员和成员函数都是类的组成部分。

8. 对数据记录排序,将不会( )。
   A. 节省存储成本　　　　　　　　B. 提高查找速度
   C. 打印后便于直观检查　　　　　D. 便于选择使用

【答案】 A。

【解析】 在计算机中,一组数据元素以一种存储结构存在,对其排序只是对元素的位置进行调整,而元素所占用的空间不会减少。排序可以明显地提高查询速度。例如将数据排好之后,用二分法查找,查询的时间复杂度可以达到 $O(\log_2(N))$。

9. 下列程序设计语言中,属于面向对象编程语言的是( )。
   A. C　　　　　　　B. VB　　　　　　C. Java　　　　　D. BASIC

【答案】 C。

【解析】 Java是一种面向对象编程语言,它保留了C++语言的很多优点,也放弃了C++的多继承、指针等概念。Java语言具有功能强大和简单易用两个特征,作为面向对象编程语言的代表,可用于编写大型复杂的程序。

10. 下列不属于语言处理程序的是(　　)。
　　A. Microsoft Visual C++ 6.0　　　　B. Visual Basic 6.0
　　C. Photoshop　　　　　　　　　　　D. JCreator
【答案】 C。
【解析】 Microsoft Visual C++ 6.0 是 C++程序的开发环境(语言处理程序)；Visual Basic 6.0 是 VB 程序的开发环境；JCreator 是 Java 程序的开发环境；Photoshop 是图形图像制作软件。

11. 在程序的 3 种结构中,用于重复执行的结构是(　　)结构。
　　A. 顺序　　　　　B. 重复　　　　　C. 选择　　　　　D. 循环
【答案】 D。
【解析】 程序的 3 种结构是顺序、选择、循环。重复执行的结构是由循环结构实现。在程序设计语言中由循环语句实现。

12. 栈的特点是(　　)。
　　A. 先进先出　　　B. 先进后出　　　C. 进进出出　　　D. 进了就出
【答案】 B。
【解析】 栈是一种先进后出的结构,就像手枪的弹夹一样。

13. 队列的特征是(　　)。
　　A. 先进先出　　　B. 先进后出　　　C. 进进出出　　　D. 进了就出
【答案】 A。
【解析】 队列是一种先进先出结构,就像牙膏一样。

14. 排序算法不包括(　　)。
　　A. 快排序　　　　B. 冒泡排序　　　C. 桶排序　　　　D. 二分排序
【答案】 D。
【解析】 快排序、冒泡排序、桶排序都是常用的排序方法。

15. 下列数据结构中,(　　)是非线性结构。
　　A. 线性表　　　　B. 队列　　　　　C. 串　　　　　　D. 树
【答案】 D。
【解析】 树是一种有唯一一个前驱,但有零个或多个后继的数据结构,这是一种非线性的结构。

16. 二分搜索算法是利用(　　)实现的算法。
　　A. 分治策略　　　B. 动态规划法　　C. 贪心法　　　　D. 回溯法
【答案】 A。
【解析】 二分查找(折半查找)算法利用了分治策略。

17. 算法的复杂度分为(　　)复杂度和空间复杂度。
　　A. 时间　　　　　B. 问题　　　　　C. 规模　　　　　D. 实现
【答案】 A。
【解析】 算法复杂度是指算法在编写成可执行程序后,运行时所需要的资源,资源包括时间资源和内存资源。算法复杂度分为时间复杂度和空间复杂度。一个算法的时间复杂度(也称时间复杂性)$T(n)$是该算法的时间耗费,是该算法所求解问题规模 n 的函数。当问题

的规模 n 趋向无穷大时,时间复杂度 $T(n)$ 的数量级(阶)称为算法的渐进时间复杂度。空间复杂度是指算法在计算机内执行时所需存储空间的度量。

18. 算法( )不是算法必须满足的条件。

　　A. 必须有输出　　　　　　　　　B. 必须用程序实现
　　C. 必须能在执行有限步之后停止　　D. 必须让每一步有明确的含义

【答案】 B。

【解析】 算法的 5 个特性不包括必须用程序实现。算法的 5 个重要的特征是：

(1) 有穷性,是指算法必须能在执行有限个步骤后终止。

(2) 确切性,指算法的每一步骤必须有确切的定义。

(3) 输入,是指一个算法要有 0 个或多个输入,用于刻画运算对象的初始情况,所谓 0 个输入是指算法本身定出了初始条件。

(4) 输出,是指一个算法有一个或多个输出,用于反映对输入数据加工后的结果。没有输出的算法是没有意义的。

(5) 可行性,算法中所有操作都必须足够基本,算法可以通过执行有限次基本操作来完成其功能。

19. 二分法查找要求被查找的元素( )。

　　A. 是关键字　　B. 有序　　C. 是整型数　　D. 无要求

【答案】 B。

【解析】 二分法查找适用于数据量较大时的查询,但是必须先将数据排序。

20. 线性表的基本操作不包括( )。

　　A. 查询　　B. 颠倒　　C. 插入　　D. 遍历

【答案】 B。

【解析】 线性表的基本操作有创建线性表、查询、插入、删除、遍历、判断空表等,不包括颠倒。

4.3　自测试题

一、选择题

1. 关于算法,下列说法正确的是( )。

　　A. 算法是求解问题的有序的步骤
　　B. 算法必须由程序设计来实现,并在计算机上运行
　　C. 每个问题只有一种求解算法
　　D. 在算法描述工具中,自然语言描述法不会产生二义性

2. 算法与程序的关系,说法正确的是( )。

　　A. 算法就是程序
　　B. 算法决定程序设计,是程序要实现的功能
　　C. 算法与程序无关
　　D. 程序就是算法

3. 在结构化程序设计的3种基本结构中,(　　)属于伪代码的选择结构。
   A. switch
   B. LOOP-END LOOP
   C. IF-THEN-END IF
   D. WHILE-END WHILE
4. 在结构化程序设计的3种基本结构中,(　　)属于伪代码的循环结构。
   A. switch
   B. LOOP-END LOOP
   C. IF-THEN-END IF
   D. break
5. 在结构化程序设计中,三种基本结构是(　　)。
   A. 线性结构、树型结构和图结构
   B. 树型结构、图结构和重复结构
   C. 线性结构、选择结构和循环结构
   D. 串型结构、分支结构和重复结构
6. 常用的算法的描述工具是(　　)。
   A. 程序
   B. 绘图工具
   C. 计算机作图软件
   D. PDA 图
7. 不属于算法描述工具的是(　　)。
   A. 机器语言
   B. 自然语言
   C. 流程图
   D. 伪代码
8. 汉诺塔游戏问题可以用(　　)求解。
   A. 迭代法
   B. 查找法
   C. 穷举法
   D. 递归法
9. "鸡兔同笼问题"是我国古算书《孙子算经》中著名的数学问题,其内容是:"今有雉(鸡)兔同笼,上有三十五头,下有九十四足。问雉兔各几何"。此问题可以用(　　)求解。
   A. 迭代法
   B. 查找法
   C. 穷举法
   D. 递归法
10. 下列特性中,属于算法特性的是(　　)。
    A. 可靠性
    B. 扩展性
    C. 有穷性
    D. 安全性
11. 在班级学生点名册中,想要查出某个已知学号的学生,最快的方法是(　　)。
    A. 从前往后找
    B. 从后往前查
    C. 二分法查找
    D. 掷骰子
12. 在全院学生点名册中,想要查出某个已知学号的学生最快的方法是(　　)。
    A. 顺序查找
    B. 快排序查找
    C. 二分法查找
    D. 分块查找
13. 下列问题适合用计算机程序来解决的是(　　)。
    A. 计算购买 20 000 张学生电影票所需的金额
    B. 为某公司的产品设计一张海报
    C. 验证四色问题
    D. 为好朋友点外卖
14. 下列伪代码描述的算法,可用于完成(　　)。

```
BEGIN
    i = 10
    s = 0
    LOOP
        IF i > 1 THEN
            s = s + i
        ELSE
```

```
            BREAK
        END IF
        i = i - 1
    END LOOP
    print s
END
```

  A. 对1～10求和   B. 对0～10求和

  C. 对2～10求和   D. 对10～1求和

15. 下列伪代码描述的算法，可用于完成（　　）。

```
BEGIN
    input a,b
    IF a > b THEN
        s = b
    ELSE
        s = a
    END IF
    print s
END
```

  A. 选择两个数   B. 输出较小的数

  C. 输出一个数   D. 输入较大的数

16. 要编写一个控制智能洗衣机的程序，适合采用（　　）语言来设计程序。

  A. Python   B. C   C. Java   D. JavaScript

17. 开发一个网络爬虫软件，适合采用（　　）语言设计程序。

  A. Python   B. C   C. Java   D. JavaScript

18. 要破解一个有10亿种组合的秘密，大多数人能想到的方法是一个个地去试，这种解密的方法叫（　　）。

  A. 试错法   B. 穷举法   C. 迭代法   D. 查找法

19. 把注射剂看成数据元素，那么注射器就如同（　　）。

  A. 队列   B. 栈   C. 树   D. 线性表

20. 把注射剂看成数据元素，那么医生给病人打针就如同（　　）。

  A. 队列   B. 栈   C. 树   D. 线性表

21. 把球场上的运动员看成数据元素，那么他们之间的关系构成的数据结构是（　　）。

  A. 图   B. 栈   C. 树   D. 线性表

22. Python语言处理程序属于（　　）。

  A. 编译程序   B. 汇编程序

  C. 解释程序   D. 机器语言程序

23. 如果铁路上的火车车厢是数据元素，那么一列火车构成的数据结构是（　　）。

  A. 单链表   B. 栈   C. 双链表   D. 数组

24. 在编辑程序时，一般使用（　　）软件。

  A. 编译   B. 链接   C. 文本编辑   D. 预处理

25. （　　）是一款主要基于移动终端的多功能移动通信工具，可支持多人聊天、位置信息服务、视频通话、在线支付等功能。

  A. 微信   B. 微博   C. 博客   D. 播客

26. ( )用黑白矩形图案表示二进制数据,通过手机扫描就可获取相关信息。

  A. 条形码   B. 二维码   C. Flash 动画 D. 数字化图形

27. 软件升级或更新的类型不包括( )。

  A. 安装新版本软件,增加新功能,提高性能

  B. 安装补丁,替代已安装软件中的部分代码

  C. 安装服务包,修正错误和处理漏洞

  D. 安装插件,增添模板、工具箱中的工具等

28. 下列数据结构中,属于非线性数据结构的是( )。

  A. 循环队列 B. 链队列   C. 二叉树   D. 链栈

二、填空题

1. 在设计算法时,_____是简化复杂问题的思维方法。
2. 设计算法离不开_____和_____这两个要素。
3. 设计一个程序首先必须考虑的问题是_____和_____。
4. 最常用的描述算法的方法包括_____、_____和_____。
5. 简言之,算法就是求解问题的_____。
6. 用自然语言描述算法时,要尽量避免描述中存在的_____。
7. 结构化程序设计方法的核心思想是_____。
8. 面向对象的四大特征是对象的_____、_____、_____和_____。
9. 程序设计的一般过程是:分析问题、建立数学模型、_____、_____、运行和调试。
10. 高考过后,各个学校录取学生的过程,类似于用_____算法选拔学生的过程。
11. 计算机软件由_____和_____构成。
12. 以下算法可以实现的功能是_____。

```
BEGIN
    x←0, y←0, z←0, i←0
    LOOP
        input c
        IF c = "W" THEN
            x←x + 1
        ELSE
            IF c = "Z" THEN
                y←y + 1
            ELSE
                IF c = "L" THEN
                    z←z + 1
                ELSE
                    BREAK
                END IF
            END IF
```

```
        END IF
        i ← i + 1
        IF i = 50 THEN
            BREAK
        END IF
    END LOOP
    print x, y, z, i - (x + y + z)
END
```

13. 以下算法可以实现的功能是（　　）。

```
BEGIN
    随机产生 x, y
    LOOP
        在屏幕 10 个随机位置上,显示 10 个 'ⓒ'
        input c
        SWITCH c
        CASE '←':
            mave(x - 1, y)
        CASE '→':
            mave(x + 1, y)
        CASE '↑':
            mave(x, y - 1)
        CASE '↓':
            mave(x, y + 1)
        END SWITCH
        IF get(x, y) = 'ⓒ' THEN set(x, y) = ' '
        IF x <= 0 THEN x = 1
        IF x >= screen_width THEN x = screen_width - 1
        IF y <= 0 THEN y = 1
        IF y >= screen_height THEN x = screen_height - 1
        IF c = 'E' THEN BREAK
        print 'ⓒ'
    END LOOP
END
```

14. 在面向对象程序设计中,类是_____。
15. 在面向对象程序设计中,多态性是_____。

三、简答题

请用伪代码描述算法的优缺点。

4.4 自测试题答案与分析

一、选择题

1. A

【解析】 算法是一种对特定问题求解步骤的描述,是指令的有限序列,其中每一条指令表示计算机的一个或多个操作。解决同一问题可以采用不同的算法,但它们消耗的时间可能不同,所占用的空间也可能不同。一个算法的优劣可以用空间复杂度与时间复杂度来衡量。

2. B

3. C

【解析】 结构化程序设计方法主要由以下3种基本结构组成。

(1) 顺序结构,是一种线性、有序的结构,它能够依次执行各语句模块。

(2) 循环结构,可以重复执行一个或几个模块,直到满足某一条件为止。

(3) 选择结构,是根据条件成立与否,来选择程序执行的通路。

采用结构化程序设计方法,程序结构清晰,易于阅读、测试、排错和修改。由于每个模块执行功能单一,以及模块间联系较少,程序编写过程更简单,程序更可靠,从而增加了它们的可维护性,即每个模块都可以独立编写、测试。

4. B

5. C

6. A

【解析】 算法是对解题过程的精确描述,目前描述算法的工具主要有自然语言、流程图、伪代码、盒图和PAD图等。

7. A   8. D   9. C   10. C   11. C

12. D

【解析】 分块查找是折半查找和顺序查找的一种改进方法,分块查找由于只要求索引表是有序的,对块内节点没有排序要求,因此特别适用于节点动态变化的情况。

13. C   14. C   15. B   16. B   17. A

18. B   19. B   20. A   21. A   22. C

23. C   24. C   25. A   26. B

【解析】 二维码又称为二维条码,常见的二维码为 QR Code。Quick Response(简称QR)是近几年来移动设备上流行的一种编码方式,相比于传统的 Bar Code 条形码,它能存储更多的信息,也能用于表示更多的数据类型。

27. B   28. C

二、填空题

1. 抽象

2. 形式化、建立模型

3. 程序要处理的数据、对处理数据的操作的要求

4. 自然语言、流程图、伪代码

5. 方法和步骤

6. 二义性

7. 自顶向下、逐步求精

8. 抽象、封装、继承、多态

9. 算法设计、编写程序

10. 穷举法

11. 程序、技术文档

12. 算法在统计班委选举中 W、Z、L 的得票数，以及弃权票数

13. 小鸟啄虫游戏算法、控制小鸟上下左右捉虫

14. 具有共同属性和方法的一组对象的集合体

15. 指当不同类的对象执行同样的方法时，系统能够根据不同类的对象辨别该对象所属的类的相应方法，从而产生不同的结果

三、简答题

优点：伪代码具有书写方便，格式紧凑，易于理解，便于向计算机程序设计语言过渡的优点。缺点：由于伪代码的种类繁多，语句不易于规范，有时会发生误读的情况。

第 5 章 字处理软件

5.1 学习目标

Word 2010 是微软公司推出的 Microsoft Office 2010 中的一个重要组件,是办公自动化应用中最常用、最关键的文字编辑软件。Word 2010 可用于编排精美的文档,制作报表、信函以及一些简单的出版物等,具有编辑与发送电子邮件、处理网页等功能。

本章学习目标:
- 了解 Office 2010 概况;
- 理解 Word 2010 基础知识;
- 掌握格式化文档方法和知识;
- 掌握表格制作方法和知识;
- 掌握图形处理方法和知识;
- 掌握长文档排版方法和知识;
- 掌握修订和审阅文档方法和知识;
- 了解智能设备中 Office 的使用。

5.2 典型例题解析

1. Microsoft Office 2010 的组件不包括(   )组件。
   A. Microsoft Office Word   B. Microsoft Office PowerPoint
   C. Microsoft Office Excel   D. Microsoft Visual Basic 6.0

   【答案】 D。
   【解析】 Microsoft Office 2010 的组件中不包括 Microsoft Visual Basic 6.0,它是 Visual Basic 程序的开发环境,如图 5-1 所示。

2. 在 Microsoft Office 2010 的组件中,Microsoft Office Word 2010 组件是(   )。
   A. 图文编辑工具   B. 数据处理程序
   C. 幻灯片制作程序   D. 数据库管理系统

   【答案】 A。
   【解析】 Microsoft Office Word 2010 组件是一种图文编辑工具,用于创建和编辑文档。

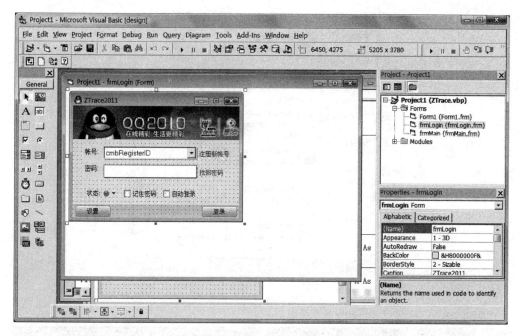

图 5-1　Microsoft Visual Basic 6.0 集成化程序开发环境

3. 在 Microsoft Office 2010 的组件中,Microsoft Office Outlook 2010 组件是(　　)。

　　A. 图文编辑工具　　　　　　　　B. 电子邮件客户端
　　C. 幻灯片制作程序　　　　　　　D. 笔记程序

【答案】　B。

【解析】　Microsoft Office Outlook 2010 组件是一种电子邮件客户端,用于发送和接收电子邮件、管理日程、联系人、任务和记录活动。

4. 使用 Word 2010 的"另存为"来存储文档时,下列表述错误的是(　　)。

　　A. 可以把要保存的文档另存为文本形式的文件
　　B. 可以把要保存的文档另存为 PDF 形式的文件
　　C. 可以把要保存的文档另存为电子表格文件
　　D. 可以把要保存的文档另存为 Word 2003 文档文件

【答案】　C。

【解析】　Word 2010 不能将文档另存为电子表格文件形式。"另存为"下拉菜单如图 5-2 所示,图中显示了可以保存的各种文件形式。

5. 在使用 Word 2010 编辑文档时,下列表述错误的是(　　)。

　　A. 可以在文档的页眉上插入图标　　B. 可以在文档的页眉上插入日期
　　C. 可以在文档的页眉上插入页号　　D. 以上功能都不行

【答案】　D。

【解析】　Word 2010 具有在页眉上插入图片、日期和页号的功能。页眉编辑功能,如图 5-3 所示。

6. 在 Word 2010 的表格操作中,下列表述错误的是(　　)。

　　A. 可以制作复杂的课程表

图 5-2 "另存为"下拉菜单

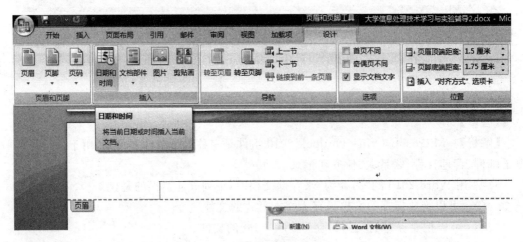

图 5-3 页眉编辑功能

  B. 可以制作多维表,如工资分析表

  C. 不可以在表格的单元格上再插入表格

  D. 可以将文本转换成表格

【答案】 C。

【解析】 Word 2010 的图表功能丰富,在表格的单元格上再插入表格是可行的。

7. 要想查看已打开文档中的字符数,可以( )。

  A. 选择"引用"→"目录"命令   B. 选择"文件"→"信息"命令

  C. 选择"审阅"→"校对"→"字数统计"命令   D. 以上都不行

【答案】 C。

【解析】 要查看已打开文档中的字符数,可以选择"审阅"→"校对"→"字数统计"命令。字数统计功能如图 5-4 所示。

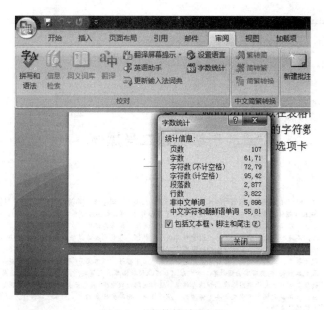

图 5-4 "字数统计"功能

8. Word 2010 的默认选项卡不包括(　　)选项卡。
   A. "图表工具"　　B. "插入"　　C. "视图"　　D. "审阅"
【答案】　A。
【解析】　Word 2010 的默认选项卡不包括"图表工具"选项卡,但可以方便地插入图表。

9. 当关闭 Word 时,如果有编辑后未存盘的文档,则(　　)。
   A. 系统会直接关闭
   B. 系统将自动弹出是否保存的提示对话框
   C. 系统会自动将文档保存在桌面上
   D. 系统会自动将文档保存在当前文件夹中
【答案】　B。
【解析】　在关闭 Word 时,如果文档编辑后文档内容有变化,且文档未存盘,则系统将自动弹出是否保存的提示对话框,这时可以保存文档,以防内容丢失。保存文档提示对话框如图 5-5 所示。

图 5-5　保存文档提示对话框

10. 假设当前已打开一个 Word 文档,若想再打开另一个 Word 文档,则(　　)。
    A. 已打开的 Word 文档将自动关闭
    B. 后打开的 Word 文档内容在先打开的 Word 文档中显示
    C. 无法打开,应先关闭已打开的 Word 文档
    D. 两个 Word 文档会同时打开,后打开的 Word 文档为当前文档
【答案】　D。
【解析】　两个 Word 文档会同时被打开,而后打开的 Word 文档将成为当前文档。两个 Word 文档被同时打开的界面,如图 5-6 所示。

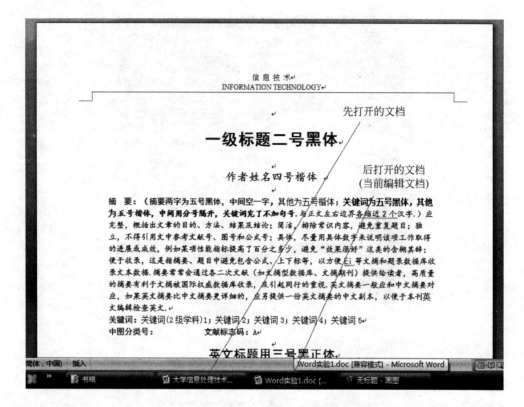

图 5-6 两个 Word 文档同时被打开的界面

5.3 自测试题

一、选择题

1. 下列关于 Word 文本编辑操作,描述不正确的是(　　)。
   A. 移动文本是将文本从一个位置移动到另一个位置
   B. 复制文本是将该文本的副本移动到其他位置,属于文本的相对移动
   C. 按 Backspace 键是用于从鼠标位置处,从前往后删除文本到结尾处
   D. 多次使用撤销命令可以依次撤销刚才所做的多次操作

2. 对 Word 2010 字体的设置中,不包括(　　)。
   A. 添加文字效果　　　　　　　　B. 使文字旋转任意角度
   C. 为汉字加拼音　　　　　　　　D. 为文字加圈

3. 当对表格进行合并与拆分时,下列描述不正确的是(　　)。
   A. 可以左右拆分表格　　　　　　B. 可以上下或左右合并单元格
   C. 可以上下或左右拆分单元格　　D. 可以上下拆分表格

4. 在对 Word 进行分栏设置中,下列描述不正确的是(　　)。
   A. 文档中不能单独对某段文本进行分栏设置

B. 用户可以根据版式需求设置不同的栏宽

C. 设置栏宽时,间距值会自动随栏宽值的变动而改变

D. 分栏下的偏左命令可将文档竖排划分,且左侧的内容比右侧的少

5. 现在的信息家电系统中一般都安装了(　　)。
   A. 桌面操作系统　　　　　　　　B. 网络操作系统
   C. 嵌入式操作系统　　　　　　　D. 分时操作系统

6. 智能手机中都安装了(　　)。
   A. 桌面操作系统　　　　　　　　B. 个人机操作系统
   C. 嵌入式操作系统　　　　　　　D. 分布式操作系统

7. 汽车的车机操作系统属于(　　)。
   A. 嵌入式操作系统　　　　　　　B. 桌面操作系统
   C. 网络操作系统　　　　　　　　D. 分布式操作系统

8. 笔记本电脑中安装的 OS 是(　　)。
   A. 嵌入式操作系统　　　　　　　B. 桌面操作系统
   C. 网络操作系统　　　　　　　　D. 分布式操作系统

9. Windows 采用了树型目录结构的文件管理系统,其特点不包括(　　)。
   A. 每个逻辑盘中只有一个根目录,根目录下可以有多个层次的文件夹
   B. 每个根目录下,各层次的文件夹名不能相同
   C. 每个文件夹中可以有多个文件,其文件名不能相同
   D. 不同文件夹中的文件可以有相同的文件名

10. 建立信息系统运维平台的目的不包括(　　)。
    A. 保证系统质量　　　　　　　　B. 提高系统安全性和可用性
    C. 提升使用效率　　　　　　　　D. 减少故障,降低运维成本

11. 想将一个名为 A.docx 的文件更名为 B.doc,可以选择(　　)命令。
    A. "另存为"　　B. "保存"　　C. "发送"　　D. "新建"

12. Word 允许同时打开多个文档窗口,但打开的越多,占用内存会(　　)。
    A. 越少,因而处理速度会更慢　　B. 越少,因而处理速度会更快
    C. 越多,因而处理速度会更快　　D. 越多,因而处理速度会更慢

13. 现有一篇 10 页篇幅的文稿,交给两个人去录入,他们各自录入完以后,需要把两份文稿放到一个文档中,正确的做法是(　　)。
    A. 邮件合并　　B. 合并文档　　C. 剪切　　D. 分栏

14. 在计算机的桌面上有各种图标,这些图标在桌面上的位置(　　)。
    A. 不能移动
    B. 可以移动,但只能由 Windows 系统完成
    C. 可以移动,既可由 Windows 系统完成,又可由用户自己完成
    D. 可以移动,但只能由用户自己完成

15. Windows 的用户界面是交互式的(　　)。
    A. 问答界面　　B. 图形界面　　C. 字符界面　　D. 组块界面

16. 在使用 Word 的过程中,要想打印文稿中不连续的若干页,例如第 2 页、第 5 页、第

9 页和第 12~15 页,需要在打印页码范围中输入(　　)。

　　A. 2,5,9,12-15　　　　　　　　B. 1-15

　　C. 2-9,12-15　　　　　　　　　D. 2-9,12,13,14,15

17. 在用 Word 编辑文档时,合并了文档中某表格的多个单元格,则(　　)。

　　A. 只显示第 1 个单元格中的内容　　B. 多个单元格的内容都不显示

　　C. 只显示最后一个单元格中的内容　　D. 多个单元格中的内容都显示

18. 在用 Word 编辑文档时,连续进行了多次插入操作,紧接着再进行一次撤销操作,则(　　)。

　　A. 第一次插入的内容被取消　　　　B. 第二次插入的内容被取消

　　C. 最后一次插入的内容被取消　　　D. 全部插入的内容都被取消

19. 在 Word 的编辑状态下,打开一个已经存在的文档"学生考试成绩.docx"进行编辑,编辑完成后,执行保存文档操作,则(　　)。

　　A. 编辑后的文档以原文件名保存

　　B. 生成一个学生考试成绩 1.docx 文档

　　C. 生成一个学生考试成绩.doc 文档

　　D. 弹出对话框,确认需要保存的位置和文件名

20. 编辑 Word 文档时,对文档中的一些文字的字体格式进行了修改,(　　)按照修改后的字体格式显示。

　　A. 插入点所在的段落中的文字　　　B. 文档中所有的文字

　　C. 修改时被选定的文字　　　　　　D. 插入点所在行的全部文字

二、填空题

1. Word 2010 文档的扩展名是_____。

2. Word 2010 的"文件"菜单的_____中,列出了最近使用过的文档。

3. 段落区功能组的对齐方式有 5 种,依次为文本_____、_____、右对齐、两端对齐和分散对齐。

4. 要迅速定位到当前编辑文档的某一页,可以单击左下角页码处,Word 显示"查询和替换"对话框,选择"定位"选项卡,在_____输入页码,单击_____按钮即可。

5. 选择"插入"→"形状"命令,可以绘制的图形的默认显示形式是_____。

6. 选择"插入"→"图片"命令,默认插入的图片是_____方式。

7. 要调整页面的页边距,可以单击_____菜单的"页边距项"按钮。

8. 要将图片设置为水印颜色,可以单击_____菜单的_____功能组的_____按钮。

9. 要调整纸张方向,可以在_____菜单中单击"纸张方向"按钮。

10. 要对文档进行分栏,可以在_____菜单中单击"分栏"按钮,再选择相应项。

11. 要让文档生成目录,在_____菜单的_____功能区组,单击"目录"按钮,展开下拉列表,选择目录型。

12. 拖曳图片_____可以调整图片大小,拖曳_____可以使图片等比例缩放。

13. 要在文档中插入艺术字,可以在_____菜单的_____功能组,单击"艺术字"按

钮,显示下拉列表框的艺术字形式,选择相应的艺术字体,打开"编辑艺术字的文字"对话框输入文字。

14. 要设置某段的首字下沉,在"插入"菜单的_____功能区组,单击首字下沉按钮。

15. 要在文档中插入表格,可以在_____菜单单击_____按钮,打开"插入表格"对话框进行相应操作。

5.4 自测试题答案与分析

一、选择题

1. C   2. B   3. A   4. A   5. C
6. C   7. A   8. B   9. B   10. A
11. A   12. D   13. B   14. C   15. B
16. A   17. D   18. C   19. A   20. C

二、填空题

1. .docx

【解析】 Word 2010 是常见的文档编辑软件,通常默认保存的扩展名为".docx",同时还可以另存为其他扩展名的文件。

2. 最近使用过的文档

3. 左对齐、居中

【解析】 Word 的段落区功能组的对齐方式有 5 种。操作方法是打开 Word 文档,选中并右击特定的段落文字,选择"段落"→"对齐方式"命令,再单击右边的三角形按钮,在下拉列表中可以看到 5 种对齐方式,根据需要,单击选中任意一种方式,再单击"确定"按钮即可。

4. "输入页号"文本框、"定位"

5. 浮动式

6. 嵌入式

7. "页面布局"

【解析】 Word 2010 设置页边距的方法有 4 种:通过鼠标调整标尺上的边距,设置页边距;在页边距设置界面的页边距选项中设置页边距;通过页面布局选项卡设置页边距;在打印界面设置页边距。

8. "页面布局""页面背景""水印"

【解析】 设置过程如下所述。

(1) 打开要添加水印的 Word 2010 文档,然后再选择"页面布局"→"水印"命令。

(2) 在向下拉出的列表中显示了许多种预设的水印效果,单击选中的水印效果就可以立刻运用到文档上了。

(3) 如果想加入一个图片的水印,则在下拉的项目中选择"自定义水印"命令,弹出"水印"对话框。

(4) 选择图片水印,再选择"选择图片"命令,弹出"插入图片"对话框,找到想要作为水印的图片,单击"插入"按钮。

(5) 在缩放右侧的下拉列表框中,选择图片水印的百分比大小。再设置是否需要冲蚀,也就是淡化色彩。

(6) 如果要自定义文字水印,则在对话框中选择文字水印,在文字右侧的文本框中输入需要的文字,选择字体字号、颜色、版式等就可以了。

9. "页面布局"

【解析】 Word 2010 中设置纸张方向有两种方法

(1) 打开 Word 2010 文档,选择"页面布局"→"页面设置"→"纸张方向"命令,再选择"横向"或"纵向"命令。

(2) 打开 Word 2010 文档,选择"页面布局"→"页面设置"命令,打开"页面设置"对话框,在"页边距"选项卡中选择"横向"或"纵向",单击"确定"按钮。

10. "页面布局"

【解析】 Word 2010 提供了对文档内容进行分栏排版的功能,也就是把内容分割成小块铺在页面上。

(1) 打开 Word 文档(根据自己的实际需求进行具体操作)。

(2) 把要分栏的部分用鼠标选取成焦点事件。

(3) 在"页面布局"菜单中单击"分栏"下拉按钮。

(4) 选择分栏个数。必须设置分栏个数,以便作为后续浏览的模式或是样式。

11. "引用""目录"

12. 四周任一控制点、四个角之一

13. "插入""文本"

14. "文本"

【解析】 (1) 使用 Word 2010 打开文本文件,将鼠标定位到段落的首字位置,然后选择"插入"→"首字下沉"命令。

(2) 单击"首字下沉"选项后,在其下拉菜单里找到"下沉"选项,单击该选项可以看到文字首字就下沉了。

(3) 再次单击"首字下沉",在其内找到"首字下沉"选项,单击该选项弹出"首字下沉"对话框。

(4) 在"首字下沉"对话框内找到"字体",在"字体"下拉列表框里选择所需要的字体。

(5) 在"下沉行数"文本框内,设置下沉的行数。

(6) 找到"距正文"选项,在该选项的文本框内设置距离,然后单击"确定"按钮,首字下沉就设置好了。

15. "插入""表格"。

第6章 电子表格

6.1 学习目标

Excel 2010 是微软公司推出的 Microsoft Office 2010 办公软件中的另一个重要组件，它以"表格"形式管理，具有分析数据的功能，是目前应用广泛的电子表格软件。其最大的特点是在单元格中输入数据和公式后，就会自动计算结果；如果修改一些单元格的数据，计算结果也会随之改变，无须人工干预。另外，它还具有对数据的快速排序、汇总、分析、图表制作等功能。

本章学习目标：

- 掌握在表格中各类数据的输入、编辑修改，以及对数据和工作表做格式化的方法；
- 掌握对工作表和工作簿的各类操作；
- 掌握公式和函数的应用方法；
- 掌握数据的各种汇总、统计分析方法；
- 掌握迷你图和图表的创建与编辑。

6.2 典型例题解析

1. 在 Excel 中，编辑栏由（　　）组成。
   A. 状态栏　　　　　　　　　　B. 编辑框和名称框
   C. 名称框　　　　　　　　　　D. 名称和编辑

   【答案】 B。
   【解析】 编辑栏由编辑框和名称框组成，如图 6-1 所示。

2. 编辑栏的名称框显示（　　）。
   A. 单元内容　　B. 单元格　　C. 单元格名称　　D. 名称

   【答案】 C。
   【解析】 名称框显示当前单元格的名称。在名称框中输入单元格名称，可以快速定位到该单元。编辑栏名称框，如图 6-2 所示。

3. 在单元格中输入和修改内容时，Excel 会立即将（　　）在编辑框内进行显示。
   A. 单元格内容　　B. 单元格　　C. 单元格名称　　D. 名称

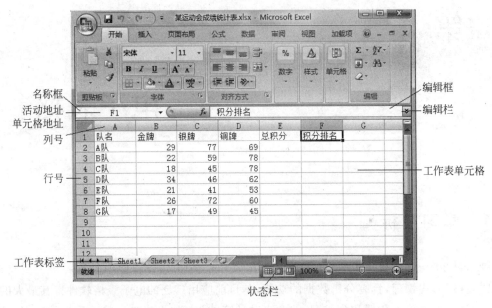

图 6-1 电子表格 Excel

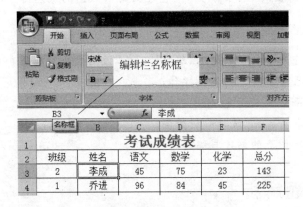

图 6-2 编辑栏名称框

【答案】 A。

【解析】 如图 6-3 所示,编辑的内容立刻显示到编辑框中。

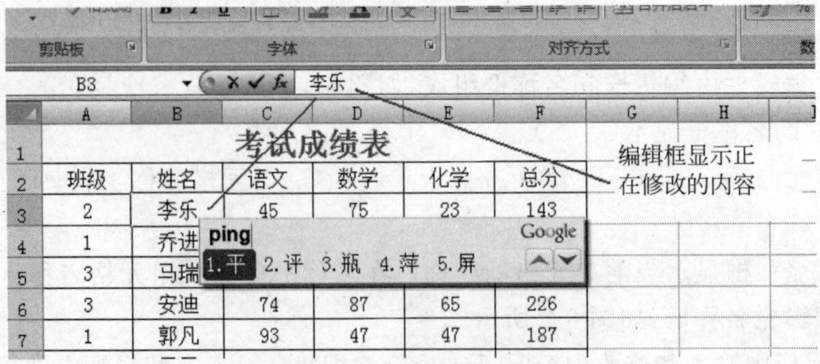

图 6-3 编辑框

4. 在默认情况下,编辑栏显示公式,单元格显示( )。
   A. 单元内容　　　　　　　　　　B. 单元格
   C. 公式的表达式　　　　　　　　D. 公式的结果

【答案】 D。

【解析】 单元格和编辑框,如图6-4所示。编辑栏显示公式,单元格显示公式的结果。

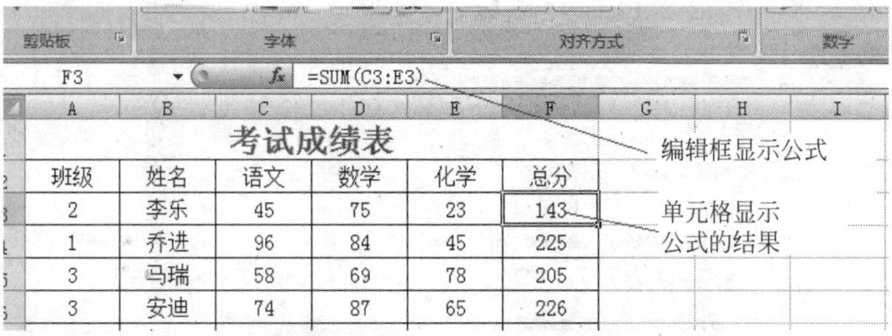

图6-4　单元格和编辑框

5. 在工作表中选择一些单元格时,状态栏中会自动显示出对这些单元格进行一些运算后的结果。下列可以进行的运算有( )。
   A. 计数、最大值、最小值　　　　B. 最大值、最小值
   C. 平均值、求和、计数值　　　　D. 以上所有运算

【答案】 D。

6. 一般在使用 Excel 之前,可以按需要对 Excel 进行设置。设置功能可以在( )选项卡中找到。
   A. "开始"　　　B. "插入"　　　C. "页面布置"　　　D. "文件"

【答案】 D。

【解析】 打开 Excel,选择"文件"→"选项"命令,弹出"Excel 选项"对话框,如图6-5所示。

7. 对 Excel 设置时,可对常规、( )、语言等方面进行设置。
   A. 公式　　　　B. 校对　　　　C. 保存　　　　D. 以上全部

【答案】 D。

8. 在 Excel 进行日期输入时,输入日期时年、月、日之间的分隔符可以是( ),否则不视其为日期。
   A. "/"　　　　B. "\"　　　　C. "/"或"-"　　　　D. "-"

【答案】 C。

9. 为 Excel 中的单元格添加边框时,选择边框类型,单击"开始"菜单的( )功能组的相应命令来完成。
   A. "对齐方式"　　B. "数字"　　C. "字体"　　D. "样式"

【答案】 C。

【解析】 要为单元格添加边框,单击"开始"菜单的"字体"功能组的相应按钮,打开"设置单元格格式"对话框(1)进行设置,如图6-6所示。

10. 当输入有规律的长数字时 Excel 会做一些处理。现在输入了一个学号,超过了12

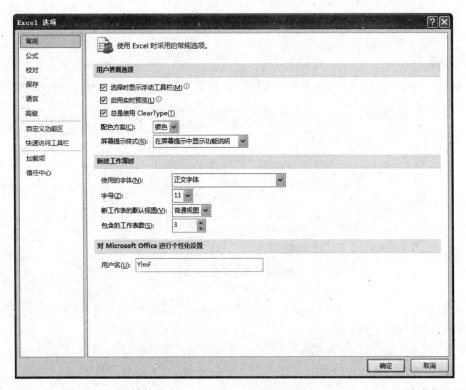

图 6-5 "Excel 选项"对话框

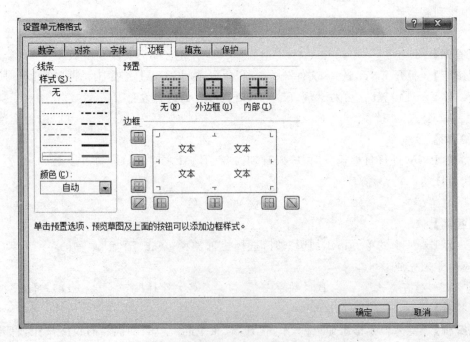

图 6-6 "设置单元格格式"对话框(1)

位,Excel会(   )。

  A. 直接显示   B. 将其转化为科学记数法显示

  C. 显示数字   D. 不显示

【答案】 B。

【解析】 如果学号超过12位,会被转化为科学记数法显示。在输入时,选中单元格区域,右击"设置单元格格式"命令,选择"数值"选项,将"小数位数"微调按钮调为0,单击"确定"按钮,"设置单元格格式"对话框(2),如图6-7所示。

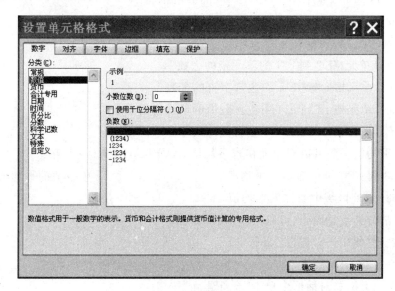

图6-7 "设置单元格格式"对话框(2)

6.3 自测试题

一、选择题

1. 在单元格中,如果显示的数字是2.222E+02,它表示(   )。

  A. 2222   B. 0.022 22   C. 222.2   D. 22.22

2. 在单元格中,显示的数字是♯VALUE!或♯DIV/0!,它表示(   )。

  A. 公式错   B. 数字错   C. 行高度不够   D. 列宽度不够

3. 在单元格中,(   )是单元格的混合引用。

  A. G$2   B. G2   C. G2   D. 都不是

4. 以下合并单元格的操作的说法,错误的是(   )。

  A. 仅可以与左合并   B. 也可以与右合并

  C. 左右也合并   D. 上下也可以合并

5. 用Excel的求和函数,=sum(b3:b8,a9:e9)用于(   )。

  A. 求出b3到e9之和

B. 求出 b3 到 b8 之和,再与 a9、b9、c9、d9、e9 之和相加

C. 求出 b3 到 a9 之和

D. 求出 b3 到 e8 整个矩形区域单元格之和

6. Excel 的求和函数＝sumif(b2:b10,">＝60")表示对(   )。

   A. b2 到 b10 区域中大于或等于 60 的数值相加

   B. b2 到 b10 区域中单元格数值相加

   C. b2 到 b10 区域中小于或等于 60 的数值相加

   D. b2 到 b10 区域中所有等于 60 的数值相加

7. count(c2:c34)表示(   )。

   A. 统计单元格 c2 到 c34 的单元格的个数

   B. 统计单元格 c2 到 c34 中包含字符的个数

   C. 统计单元格 c2 到 c34 中包含数值的单元格的个数

   D. 统计单元格 c2 到 c34 中包含数据的个数

8. 用求平均值函数可以对单元格求平均值,AVERAGE(b3:c8)在求(   )。

   A. b3 到 c8 区域中数值的平均值   B. b3 和 c8 中数值的平均值

   C. b3 到 c8 区域中数据的平均值   D. 都不是

9. 要取消分类汇总操作,可以(   )。

   A. 选择"编辑"→"删除"命令

   B. 单击 Delete 按钮

   C. 在分类汇总对话框中单击"全部删除"按钮

   D. 都不是

二、填空题

1. 函数＝AVERAGEIF(A1:C20,">＝60")表示_____。

2. 要求出 B1 到 B100 单元格中的最小值,函数写为_____。

3. 要求出 A1 到 C10 区域中的最大值,函数写为_____。

4. 求分离的 4 个单元格:A10、B23、E5、G14 中的最大值,函数写为_____。

5. 函数 NOW()返回_____。

6. 执行 Excel 的文本操作函数＝MID("ABCD12345CCCC",5,3),结果是_____。

7. 在数据表单击"筛选"按钮,数据表的每个字段名旁边对应一个_____,说明处于筛选状态下。

8. 要输入一些递减的数据,可以使用填充柄,选择_____。

9. Excel 常用算术运算符包括_____。

10. 在下面如图 6-8 所示的学生成绩表中,要计算王兰兰的 4 门课成绩的总分,写函数_____;要计算她的平均分,写函数_____。

11. 在如图 6-8 所示的学生成绩表中,要计算物理课的平均分,写函数_____。

12. 在如图 6-8 所示的学生成绩表中,如果想统计数学 80 分及以上的学生人数,应该写

	A	B	C	D	E	F	G	H	I
2	学号	姓名	英语	数学	物理	计算机	总分	平均分	计算机及格否
3	201340105301001	宋李子	85	66	80	80			
4	201340105301002	张小分	83	80	72	85			
5	201340105301003	刘郎	87	87	81	80			
6	201340105301004	王兰兰	76	59	85	85			
7	201340105301005	区里	81	84	87	72			
8	201340105301006	五三	69.5	79	75	80			
9	201340105301007	周冈	72	80	71	85			
10	201340105301008	胡任	65	60	40	55			
11	201340105301009	立兵	80	80	85	85			
12	各科成绩最高分								

图 6-8 学生成绩表

函数_____。

6.4 自测试题答案与分析

一、选择题

1. C   2. A   3. A   4. A   5. B
6. A   7. C   8. A   9. C

二、填空题

1. 对 A2 到 C20 区域中大于或等于 60 的数值求平均值

【解析】 Excel 的函数中求平均值函数分别是 AVERAGE 函数、AVERAGEIF 函数、AVERAGEIFS 函数,它们的区别是:AVERAGE 函数是直接求平均值;AVERAGEIF 函数单个条件求平均值;AVERAGEIFS 函数多个条件求平均值。

(1) AVERAGE 函数:=AVERAGE(求平均值区域),求区域中所有数值的平均值。

(2) AVERAGEIF 函数:=AVERAGEIF(条件区域,条件,求平均值区域),按给定条件指定单元格求平均值。

(3) AVERAGEIFS 函数:=AVERAGEIFS(求平均值区域,条件区域1,条件1,条件区域2,条件2,……,条件区域n,条件n),指定区域内同时满足多个条件的值进行求平均值。

2. =MIN(B1:B100)

3. =MAX(A1:C10)

4. =MAX(A10,B23,E5,G14)

【解析】

(1) Excel 函数公式查看所选区域最小值。通过=MIN(B2:B7)即可计算出所选区域中的最小值,源数据有改动时,会自动更新反映到最小值上。

(2) Excel 函数公式查看所选区域最大值。通过=MAX(B2:B7)即可计算出所选区域中的最大值,源数据有改动时,会自动更新反映到最大值上。

5. 当前日期和时间

6. 123

7. 下拉按钮

8. 有关系的相邻区域

【解析】 需要在一行或一列的单元格中填充数据时,可通过拖曳的方法,使用填充柄快速完成操作。

(1) 在要输入同一数据的起始单元格中输入数据内容,然后将鼠标指向该单元格的右下角,待指针变成黑色十字形状后,向下拖曳鼠标。

(2) 拖曳到填充的终止位置后释放鼠标,在右下角会显示一个叫"自动填充选项"的图形,单击其右侧的"下三角"按钮,在展开的下列表中单击"复制单元格"按钮。

(3) 经过以上操作后,就完成了在单个区域中填充相同数据的操作。

9. 百分号(%)、乘方(^)、乘(*)、除(/)、加(+)、减(-)

10. 总分:=C6+D6+E6+F6,平均分:=AVERAGE(C6:F6)

11. =AVERAGE(E3:E11)

12. =countif(D3:D11,">=80")

【解析】 COUNTIF 函数是 Excel 中根据条件统计个数的函数,它只有两个参数,一个是统计范围,另一个是统计条件。一般情况下,只用一个统计条件,但也可以用数组组合多重条件。在条件中,既可以用各种关系运算符,又可以用通配符问号和星号,还可以用其他函数。

第 7 章 演示文稿制作软件

7.1 学习目标

PowerPoint 2010 是微软公司推出的 Microsoft Office 2010 中的重要成员之一,它被广泛地应用于学校教学、学术讲座、学生论文答辩、公司产品宣传、会议等场合。用 PowerPoint 制作的演示文稿以幻灯片的形式播放。幻灯片包含文字、声音、图形、图像、动画以及视频等多媒体元素。演示文稿以动态的、可视的方式播放,具有表现丰富、信息量大、感染力强等特点。

本章学习目标:

- 理解学习演示文稿制作软件 PowerPoint 2010 的基础知识;
- 掌握创建、编辑、插入动画和多媒体等内容的演示文稿的基本操作方法;
- 掌握幻灯片播放效果的设计方法;
- 掌握演示文稿的美化方法。

7.2 典型例题解析

1. PowerPoint 2010 中可以用于编辑、修改幻灯片的各对象的视图是(　　)。
   A. 普通视图　　　　　　　　　B. 幻灯片浏览视图
   C. 幻灯片放映视图　　　　　　D. 备注页视图

【答案】 A。

【解析】 普通视图,如图 7-1 所示,它主要用于编辑、修改幻灯片的各对象。在幻灯片浏览视图模式中,使用者可以看到整个演示文稿的内容,各幻灯片将按次序排列,可以浏览各幻灯片和相对位置,也可以重新排列幻灯片次序,还可以插入、删除或移动幻灯片等。幻灯片放映视图,用于查看幻灯片的播放效果。当幻灯片放映时,用户可以加入特效,使幻灯片的演示过程更加有趣。在备注页视图模式中,用户可以添加与幻灯片相关的说明内容。

2. 在 PowerPoint 2010 中,安排幻灯片对象的布局可通过(　　)来设置。
   A. 幻灯片版式　　　　　　　　B. 配色方案
   C. 背景　　　　　　　　　　　D. 应用设计模板

【答案】 A。

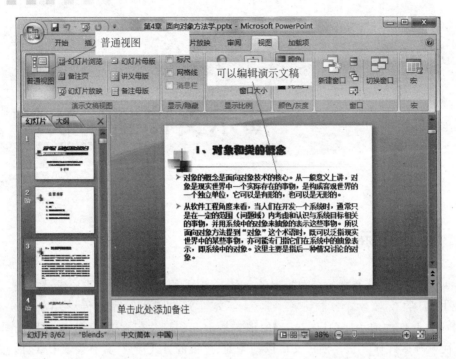

图 7-1　普通视图

【解析】幻灯片版式是 PowerPoint 2010 中一种常规的排版格式。幻灯片版式,如图 7-2 所示。通过幻灯片版式,用户可以对文字、图片等元素进行合理、简洁的布局,版式有文字版式、内容版式、文字版式和内容版式以及其他版式 4 个版式形式。通常情况下,软件已经内置若干个版式类型供用户使用,利用这 4 个版式可以轻松地完成幻灯片制作和运用。

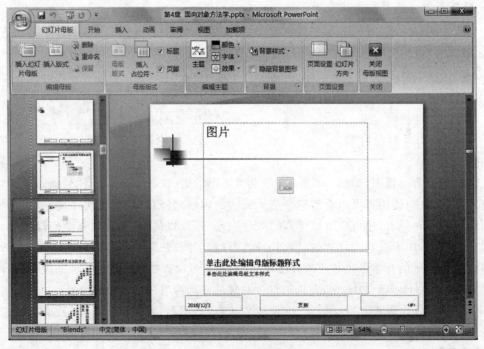

图 7-2　幻灯片版式

3. 如果想要在演示文稿中增加一张幻灯片,采取的方式是(　　)。
   A. 选择"文件"→"新建"命令　　　　B. 选择"开始"→"复制和粘贴"命令
   C. 选择"开始"→"新建幻灯片"命令　D. 以上都不是

【答案】　C。

【解析】　选择"开始"→"新建幻灯片"命令,显示下拉列表,选择一种版式,新幻灯片就立即生成了。新建幻灯片,如图 7-3 所示。

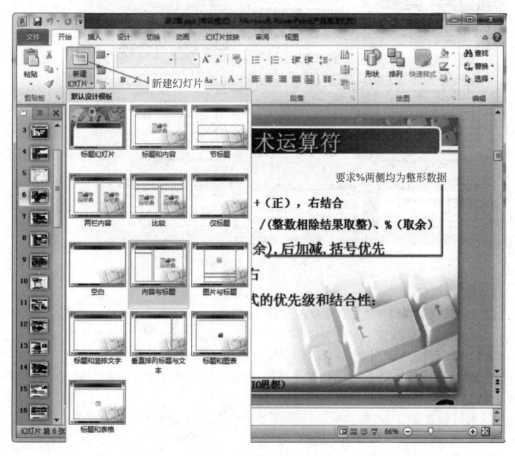

图 7-3　新建幻灯片

4. 在(　　)中,可以对幻灯片进行移动、删除、复制操作。
   A. 普通视图　　　　　　　　　　B. 幻灯片浏览视图
   C. 幻灯片放映视图　　　　　　　D. 备注页视图

【答案】　B。

【解析】　在幻灯片浏览视图中,将按照幻灯片的序号,顺序显示演示文稿中全部幻灯片的缩小图。在此视图中,使用者可以复制幻灯片、删除幻灯片,调整幻灯片的顺序,但是不能对个别幻灯片的内容进行编辑、修改。如果使用者双击某个幻灯片缩图,就可以切换到显示此幻灯片的幻灯片浏览视图模式下。幻灯片浏览视图,如图 7-4 所示。

5. 在幻灯片母版中可以插入对象,如果要修改它们,只能在(　　)中进行。
   A. 普通视图　　　B. 讲义母版　　　C. 幻灯片母版　　　D. 浏览视图

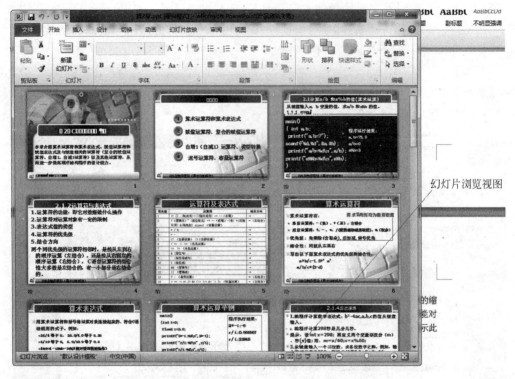

图 7-4 幻灯片浏览视图

【答案】 C。

【解析】 只能在幻灯片母版中修改。幻灯片母版是存储相关应用的设计模板信息的幻灯片,它包括字形、占位符大小或位置、背景设计和配色方案。幻灯片母版主要是用于设置幻灯片的样式,可供用户设定各种标题文字、背景、属性等,只需更改一项内容就可更改所有幻灯片的设计。PowerPoint 中有幻灯片母版、讲义母版和备注母版 3 种母版。幻灯片母版包含标题样式和文本样式。

6. 有时设置了幻灯片的动画,却显示不出动画的效果,这是因为没有切换到( )。

  A. 普通视图   B. 讲义母版   C. 放映视图   D. 浏览视图

【答案】 C。

【解析】 在放映视图下,幻灯片的内容将占满整个屏幕。它也是在计算机屏幕上演示的,将来可以制成胶片后用幻灯机放映出来的效果。

7. PowerPoint 中,在幻灯片播放时,只要切换幻灯片就会产生切换音效,这是通过单击( )菜单的"声音"按钮实现的。

  A. "切换"   B. "动画"   C. "插入"   D. "设计"

【答案】 A。

【解析】 在"切换"菜单中,单击"声音"按钮,在下拉列表中选择一种音效即可。幻灯片切换音效的设置,如图 7-5 所示。

8. 在一张空白幻灯片上不能够直接插入( )。

  A. 文字   B. 文本框   C. 艺术字   D. 表格

【答案】 A。

图 7-5　幻灯片切换音效的设置

【解析】　在空白幻灯片上,只有先放文本框才能够在其中插入文字,而不能直接插入文字。文字只能在文本框、表格等中插入。

9. 一张 A4 纸上可以打印(　　)幻灯片。

A. 6

B. 8

C. 7

D. 9

【答案】　D。

【解析】　一张 A4 纸上最多可以打印 9 张幻灯片。选择每页的幻灯片数,如图 7-6 所示。

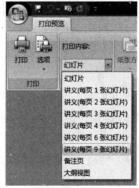

图 7-6　选择每页的幻灯片数

10. 在幻灯片中可以插入音频,但下面说法错误的是(　　)。

A. 能够循环播放,直到停止

B. 可以播放完返回开头

C. 可以插入录制的音频

D. 插入音频后所显示的小图标不能够被隐藏

【答案】 D。

【解析】 小图标可以隐藏的,插入声音文件后,右击"声音"图标,选择"编辑声音对象"命令,在"幻灯片放映时隐藏声音图标"前面的复选框打勾,再单击"确定"按钮。

7.3 自测试题

一、选择题

1. PowerPoint 中演示文稿的视图显示方式有(　　)。
   A. 普通、幻灯片浏览　　　　　　　B. 幻灯片放映、阅读版式
   C. 普通、幻灯片放映　　　　　　　D. A 和 B

2. 让每张幻灯片的标题有相同的字体、相同的图标,可以单击(　　)实现。
   A. "视图"→"母版视图"功能组的"幻灯片母版"按钮
   B. "格式"→"背景"功能组的"背景样式"按钮
   C. "格式"→"字体"功能组的相关按钮
   D. "格式"→"格式刷"按钮

3. 对幻灯片对象的布局进行调整,可以通过设置(　　)来完成。
   A. 背景　　　　　　　　　　　　　B. 幻灯片版式
   C. 表格　　　　　　　　　　　　　D. 应用设计模板

4. 要编辑段落,可以选中文字,在"开始"菜单的(　　)功能组,对文字的对齐方式、行间距、段前段后位置等进行修改。
   A. "字体"　　　B. "段落"　　　C. "绘图"　　　D. "编辑"

5. 在幻灯片中要插入图形,可以选择"插入"菜单的"插图"功能组中的(　　)按钮,从下拉列表中找到所要的图形。
   A. "图片"　　　B. "形状"　　　C. "剪贴画"　　　D. "图表"

6. 保存幻灯片文件,可以单击(　　)菜单中"保存"或"另存为"命令,输入文件名来保存。
   A. "文件"　　　B. "开始"　　　C. "插入"　　　D. "设计"

7. 要插入一张新的幻灯片,可以选择"开始"→(　　)→"新建幻灯片"命令,即可插入一张幻灯片。按 Ctrl+M 组合键也可以插入一张幻灯片。
   A. "剪贴板"　　　B. "字体"　　　C. "幻灯片"　　　D. "段落"

8. 要插入一张新的幻灯片,按(　　)组合键也可以插入一张幻灯片。
   A. Ctrl+F　　　B. Ctrl+N　　　C. Ctrl+V　　　D. Ctrl+M

9. PowerPoint 2010 可以将演示文稿以纸质形式打印出来,有(　　)、备注页、大纲和讲义形式打印。
   A. 整页　　　B. 字符　　　C. 单行　　　D. 段落

10. PowerPoint 2010 可以对演示文稿进行发布,发送方式包括(　　)、广播幻灯片、使用电子邮件发送等。
    A. 整页发布　　　B. 网络发送　　　C. 保存到 Web　　　D. 内部发布

11. 在 PowerPoint 2010 演示文稿中可以插入超链接,但是链接的目标不可以

是（　　）。
　　A．另外的演示文稿　　　　　　　B．相同演示文稿中另外一张幻灯片
　　C．其他幻灯片中的一个对象　　　D．另外一个应用程序的文档

二、填空题

1．对象是制作幻灯片的材料，包含＿＿＿＿、＿＿＿＿、＿＿＿＿、＿＿＿＿、＿＿＿＿以及＿＿＿＿等多媒体元素。

2．幻灯片是演示文稿的基本构成单位，是＿＿＿＿。

3．PowerPoint建立的演示文件，扩展名为＿＿＿＿。

4．占位符是指幻灯片中＿＿＿＿，可在其中输入文字或插入图片。

5．视图是观察、编辑幻灯片的方式，包含＿＿＿＿、＿＿＿＿、＿＿＿＿和＿＿＿＿ 4种视图。

6．切换幻灯片的方式是＿＿＿＿。

7．在幻灯片中要插入文本，要先选定幻灯片版式，然后就可在＿＿＿＿中直接输入文字和符号。

8．如果想要编辑文本，先要选中要编辑的文字，在＿＿＿＿菜单的"字体"功能组，就可以对文本的字体、字号、文字颜色进行编辑了。

9．在幻灯片中输入文字时，如果没有占位符，可以＿＿＿＿进行输入。

10．在幻灯片中要插入图片，可以选择"插入"菜单的"图像"功能组的＿＿＿＿命令，插入图片和剪贴画。

7.4　自测试题答案与分析

一、选择题

1．D　　　2．A　　　3．B　　　4．B　　　5．B　　　6．A
7．C　　　8．D　　　9．A　　　10．C　　　11．C

二、填空题

1．文字、声音、图形、图像、动画、视频

2．用PPT制作的基本页面

3．.pptx

4．用虚线框起来的部分

【解析】　占位符就是先占住一个固定的位置，以后再往里面添加内容的符号。在幻灯片中占位符为一个虚框，虚框内部往往有"单击此处添加标题"之类的提示语，一旦单击提示语之后，提示语会自动消失。要创建自己的模板时，占位符就显得非常重要，它能起到规划幻灯片结构的作用。当文档排版时如果决定要在版面的一个地方放一张图片或其他内容，并且有多种选择又决定不了的话，就可以先放一个图像占位符设置好宽和高，待以后决定好了再来放入需要的图片。

5. 普通视图、幻灯片浏览、备注页视图、阅读视图

【解析】

（1）普通视图，用于编写或设计演示文稿，可以在导航缩略图中快速查看调整幻灯片，还可以在备注窗格中添加演讲者备注内容。

（2）备注页视图，以整张页的格式查看使用备注。分为两部分：幻灯片的缩小图和文本预留区。此时，幻灯片的内容不会显示，备注部分可以有自己独立的主题，打印时也可以只打印备注部分。

（3）幻灯片浏览视图，查看缩略图形式的幻灯片，在打印时可以方便地调整组织幻灯片的顺序。

（4）幻灯片放映视图，与实际演示一样。另外，幻灯片母版视图，包括幻灯片、讲义、备注，可以对与幻灯片相关联内容进行整体更改，快速地统一整体风格。

6. 在放映幻灯片时上一张和下一张幻灯片间的过渡形式

7. 占位符

8. "开始"

9. 插入文本框或者切换到大纲视图

【解析】 如果用大纲视图，先进入主界面，单击"视图"菜单，然后单击左边的需要插入文字的页面，然后单击上方的"大纲视图"选项，就可以直接输入文字了。

10. "图片"或"剪贴画"

第 8 章 数据库管理系统

8.1 学习目标

随着大数据时代的到来,人们对数据的兴趣越来越浓厚,各界人士纷纷试图通过大数据分析发现各种事物的奥秘。要对数据的价值进行深度挖掘,首先要将数据有效地管理起来。在管理数据方面,很大程度上还需要依赖数据库。从某种程度上讲,数据库技术就是数据管理技术,它是计算机科学与技术的一个重要分支。在如今飞速发展的社会背景下,学习掌握一些数据库应用技术十分重要。

本章学习目标:
- 掌握桌面数据库管理系统 Access 2010 的基本概念和操作;
- 掌握在数据库中组织、应用、查询功能的方法;
- 掌握用 Access 创建窗体的方法;
- 掌握在数据库中组织、编辑、输出统计报表的方法。

8.2 典型例题解析

1. 信息是经过加工处理的(　　)表现形式。
   A. 计算结果　　　　B. 符号　　　　C. 数据　　　　D. 代码

   【答案】 B。

   【解析】 信息是从数据中加工、提炼出来的,是人们进行正确决策的有用数据。数据是一组可用于描述客观事实、概念的,并且可以被识别的文字、数字或符号等。数据是信息的素材,是信息的载体和表达形式。

2. 在 Access 中,下列关于数据类型的说法,不正确的是(　　)。
   A. 日期型字段长度为 8 个字节　　　　B. 是/否字段只存储 Y/N 或 T/F
   C. OLE 对象的长度是不固定的　　　　D. 数字型字段的长度为 999 个字符。

   【答案】 D。

   【解析】 Access 的数字类型是一个大类型。它还包含许多种小类型,每个具体的数字类型都有其相应的取值范围,利用这个取值范围可对数字类型字段的大小进行初步的限制。如果需要在具体数字类型的基础上进一步限制字段的大小,则可以利用字段的"有效性规则"来限制其大小。Access 字段设计界面如图 8-1 所示。

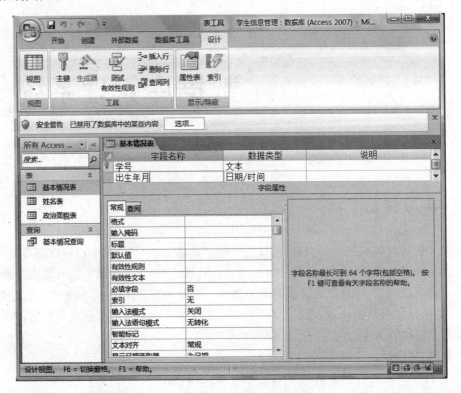

图 8-1　Access 字段设计界面

3. 数据库管理系统属于计算机软件系统,它的功能是对(　　)进行集中控制,并能够建立、运行数据库。

　　A. 磁盘　　　　　　B. 管理员　　　　　C. 计算机　　　　　D. 数据库

【答案】　D。

【解析】　数据库管理系统是数据库系统的核心,是管理数据库的软件。数据库管理系统可用于实现用户对数据的处理和操作,转换成计算机中具体的物理数据的处理和操作。有了数据库管理系统,用户就可以处理和操作业务层面上的各种数据,而不必顾及在计算机中如何实现对这些数据的各种操作的问题。

4. Access 是(　　)数据管理系统。

　　A. 关系型　　　　　B. 层次型　　　　　C. 树型　　　　　　D. 网状

【答案】　A。

【解析】　Microsoft Office Access 是由微软发布的关系数据库管理系统。它具有 Microsoft Jet Database Engine 和图形用户界面两项特点,是 Microsoft Office 的系统程序之一,适用于处理中小型数据。

5. 默认值是指预先设置由系统(　　)的数据。

　　A. 能够删除　　　　B. 自动输入　　　　C. 保存　　　　　　D. 修改

【答案】　B。

【解析】　设置默认值后,系统能够自动输入。设置默认值界面,如图 8-2 所示。

图 8-2 设置默认值界面

6. 在一个人事档案数据库中，字段"简历"的数据类型应该是（　　）。

　　A. 数字型　　　　　B. 备注型　　　　　C. 文本型　　　　　D. 日期型

【答案】 B。

【解析】 在 Access 2013 之后，备注型和文本型数据类型已分别被重命名为"长文本"和"短文本"，它们分别具有不同的属性和大小限制。在.accdb 文件中，长文本字段的作用与旧的"备注"字段相同。备注字段设置界面，如图 8-3 所示。本题考虑到一个人的简历可能比较长，可能会超过 255 个字符，故选 B。

7. 在 Access 中，用于存放数据的是（　　）。

　　A. 窗体　　　　　　B. 报表　　　　　　C. 表　　　　　　　D. 宏

【答案】 C。

【解析】 在 Access 中，实际存放数据的是表（table）。Access 的表如图 8-4 所示。这是一个学生基本情况表，其中存放了一些学生的数据。

8. Access 数据库主要包括数据表、（　　）、窗体、报表、宏、模块等对象。

　　A. 字段　　　　　　B. 查询　　　　　　C. 表达式　　　　　D. 函数

【答案】 B。

【解析】 在 Access 数据库中主要通过数据表、查询、窗体、报表、宏、模块等一系列的对象来完成数据组织、数据查询、界面设计、报表处理等各项管理任务。Access 的各种对象如图 8-5 所示。

9. SELECT 语句中"ORDER BY 学号"表示（　　）。

　　A. 对学号排序　　　B. 对学号筛选　　　C. 删除学号　　　　D. 对学号分组

图 8-3　备注字段设置界面

图 8-4　Access 的表

图 8-5　Access 的各种对象

【答案】　A。

【解析】　SELECT 语句的 ORDER BY 子语句可以设置为根据指定的列，对查询结果进行排序。

10. SELECT 语句中"GROUP BY 学号"表示（　　）。

　　A. 修改学号　　　　　　　　　　　B. 过滤学号
　　C. 对学号排序　　　　　　　　　　D. 对学号分组

【答案】 D。

【解析】 SELECT 语句中的 GROUP BY 子语句用于对结果集合进行分组。

11. 在设计数据库的表时,应该先确定表的(　　),再设置该字段的类型和长度。

　　A. 字段名称　　　B. 记录　　　C. 内容　　　D. 关联

【答案】 A。

【解析】 如图 8-6 所示,在设计数据库的表时,先逐个输入各字段的名称,设置该字段的类型和字段长度等属性。

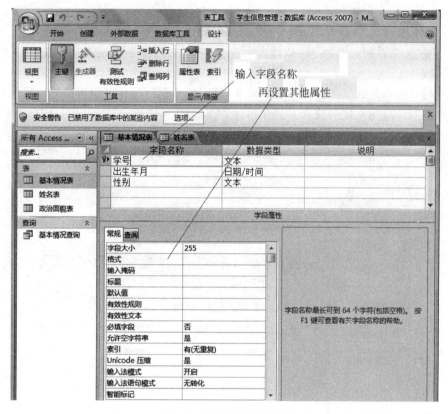

图 8-6　创建表各字段界面

12. (　　)不是 Access 表中的数据类型。

　　A. 字符型　　　B. 数字型　　　C. 关系型　　　D. 备注型

【答案】 C。

13. 数据库管理系统(DBMS)是一组计算机软件系统,它的作用不包括(　　)。

　　A. 对数据库进行集中控制　　　　B. 建立数据库

　　C. 运行数据库　　　　　　　　　D. 维护操作系统

【答案】 D。

14. (　　)操作是向数据表发出检索信息的请求,通过限定条件获取信息的方法。

　　A. 排序　　　B. 报表　　　C. 查询　　　D. 宏

【答案】 C。

【解析】 数据库查询使用 SELECT 语句进行,是数据库的基本操作之一,是向数据表发出检索信息的请求,通过限定条件获取信息的方法。

15. 关系数据库对数据有筛选、(　　)、连接这 3 种基本关系操作。

　　A. 排序　　　　　B. 投影　　　　　C. 复制　　　　　D. 删除

【答案】 B。

【解析】 关系型数据库管理系统中的基本的关系运算有 3 种:筛选(选择)、投影与连接。选择是从二维关系表的全部记录中,把那些符合指定条件的记录挑出来。投影是从所有字段中选取一部分字段及其值进行操作,它是一种纵向操作。连接是对两个关系进行投影操作,从而生成一个新的关系。

16. 窗体是 Access 数据库的(　　),它主要用于显示数据和编辑数据。

　　A. 交互界面　　　B. 统计界面　　　C. 管理界面　　　D. 查询界面

【答案】 A。

【解析】 窗体是数据库管理系统的重要对象之一,利用窗体对象可以设计用户界面,实现用户与数据库应用系统的交互。创建窗体界面,如图 8-7 所示。

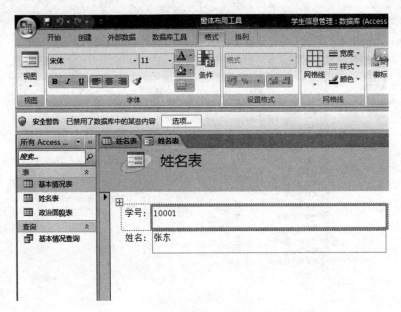

图 8-7　创建窗体界面

17. (　　)不属于关系型数据库管理系统。

　　A. Visual Basic 6.0　　　　　　　B. SQL Server
　　C. Access　　　　　　　　　　　D. Oracle

【答案】 A。

【解析】 Visual Basic 6.0 是 Visual Basic 程序设计语言的集成化开发环境,而其他选项都是常用的数据库管理系统。

18. 数据库是对(　　)的一种方法和技术,它能更有效地组织数据,更方便地维护数据,更好地利用数据。

　　A. 计算机软件　　B. 数据管理　　　C. 操作系统　　　D. 计算机硬件

【答案】 B。

19. 语句"SELECT * FROM 学生情况表"中,"*"号表示(   )。
    A. 一个字段   B. 全部字段   C. 一条记录   D. 全部记录

【答案】 B。

20. 数据库管理系统(DBMS)能实现(   ),保证数据的完整性、安全性和保密性。
    A. 数据共享   B. 系统管理   C. 计算机管理   D. 计算机硬件控制

【答案】 A。

【解析】 数据库的数据共享是指多用户、多种应用、多种语言互相覆盖地共享数据集合,所有用户可同时存取数据库中的数据。数据库是面向整个系统的,以最优的方式服务于一个或多个应用程序(用户),从而实现数据共享。

数据库管理系统的功能和作用是对数据库进行集中控制,并能够建立、运行数据库,从而实现数据共享,同时保证了数据的完整性、安全性和保密性。

8.3 自测试题

一、选择题

1. 关于数据库的特点的说法中,正确的是(   )。
   A. 数据库中数据的独立性高并且数据可以被共享
   B. 数据库中的数据能够被共享,但是数据冗余度很高
   C. 数据库能够保证数据的完整性,但同时也降低了安全性
   D. 数据库中的数据独立性高,但是不能共享

2. 在一个数据库系统中可以实现数据的共享,是指(   )。
   A. 不同应用的多个用户共享一个数据文件中的数据
   B. 同一个应用中的多个程序共享数据
   C. 多个应用、多种语言、多个用户共享数据
   D. 多个用户使用同一种语言共享数据

3. 数据模型是数据在数据库中的存储方式。数据库中采用最多的数据模型是(   )。
   A. 关系模型   B. 层次模型   C. 网状模型   D. 对象模型

4. 数据库中主要保存的是(   )。
   A. 数据结构   B. 信息结构   C. 文件   D. 数据

5. 下列各种软件中,属于数据库管理系统的是(   )。
   A. MySQL   B. Microsoft Visual C++ 6.0
   C. Excel   D. Visual Basic 6.0

6. 下列各种软件中,不属于数据库管理系统的是(   )。
   A. Access   B. DB2   C. Oracle   D. UNIX

7. Access 属于(   )数据库管理系统。
   A. 网状   B. 层次   C. 关系   D. 树型

8. Access 数据库的基础与核心是(   )。
   A. 报表   B. 表   C. 查询   D. 属性

9. 在Access数据库的某个字段中要想保存一幅图像,应将该字段设置为(　　)类型。
　　A. OLE对象　　　B. 备注　　　　C. 长文本对象　　　D. 文本

10. 用Access建立职工工资数据库时,想添加一个"工资"字段,应将该字段设置为(　　)类型。
　　A. OLE对象　　　B. 数字　　　　C. 日期时间　　　　D. 文本

11. 用Access建立职工信息数据库时,想添加一个"年龄"字段,应将该字段设置为(　　)类型。
　　A. OLE对象　　　B. 数字　　　　C. 日期时间　　　　D. 文本

12. 用Access建立职工信息数据库时,想添加一个"职工号"字段,应将该字段设置为(　　)类型。
　　A. OLE对象　　　B. 数字　　　　C. 日期时间　　　　D. 文本

13. 用Access建立学生考试数据库时,想添加一个"学号"字段,应将该字段设置为(　　)类型。
　　A. 自动编号　　　B. 数字　　　　C. 日期时间　　　　D. 文本

14. 用Access建立数据库时,下列说法正确的是(　　)。
　　A. 一个表中必须设置主键　　　　B. 一个数据库只能有一个表
　　C. 一个数据库可以有多个表　　　D. Access库文件的扩展名是.acclb

15. 函数Sum(字段名)的功能是求同一组中所在的字段内所有值的(　　)。
　　A. 平均值　　　　B. 和　　　　　C. 最小值　　　　　D. 最大值

16. 函数Avg(字段名)的功能是求同一组中所在的字段的所有值的(　　)。
　　A. 最小值　　　　B. 和　　　　　C. 平均值　　　　　D. 最大值

17. 子句"Where 工资< 3000 or 工资> 8000"的作用是处理(　　)。
　　A. 工资低于3000或者高于8000的记录
　　B. 工资高于3000和低于8000的记录
　　C. 工资高于3000的记录
　　D. 工资低于8000的记录

18. 子句"Where 月收入< 2000 and 平均成绩< 60"的作用是处理(　　)的记录。
　　A. 平均成绩不及格　　　　　　　B. 月收入低于2000
　　C. 收入低成绩差　　　　　　　　D. 以上条件都成立

19. 在关系数据库中,表的一行被称为(　　)。
　　A. 字段　　　　　B. 数据　　　　C. 记录　　　　　　D. 行

20. 在某关系中公共关键字是主关键字,这个公共关键字被称为另一个关系的(　　)。
　　A. 主关键字　　　B. 字段　　　　C. 记录关键字　　　D. 外键

21. 下列关于Access主键的叙述,不正确的是(　　)。
　　A. 设置多个主键可以查找不同表中的信息
　　B. 主键可以包含一个或多个字段
　　C. 设置主键的目的是保证表中所有记录都能被唯一识别
　　D. 如果表中没有识别唯一一个记录的字段时,可用多个字段来组合来构成主键

22. 在Access数据库中使用向导创建查询,其数据(　　)。
    A. 必须来自多个表　　　　　　　　B. 只能来自一个表
    C. 只能来自一个表的某一部分　　　D. 可以来自表或查询

二、填空题

1. 数据库和数据库管理系统的英文简称分别是_____和_____。
2. 数据库管理系统的主要功能包括定义数据库、_____、_____、_____和通信功能。
3. 关系数据库的3种基本关系操作分别是_____、_____和_____。
4. 在SQL中,投影运算是从一个关系R中_____。
5. 连接运算用于完成_____,生成一个新的数据表,由两个二维表_____的二维表。
6. 关系模型用_____来描述数据间的联系,从关系数据模型的角度来看,"关系"是个_____。
7. MySQL是一个_____。
8. 数据库系统是为适应数据处理的需要而发展起来的一种数据处理系统。它由4个部分组成,包括_____、_____、_____和_____。这4个部分都配备齐全,协调运行,才能构建成一个完整的数据库系统,完成数据处理和信息管理工作。
9. Access 2010是常用的数据库管理软件,具有许多工具和向导,可以提供可视化操作,能够让使用者高效快速地开发_____。
10. 在SELECT语句中用于排序的子句是_____。
11. 在SELECT语句中用于分组的子句是_____。
12. 在SQL语言中,用于删除记录的语句是_____。
13. 在SQL语言中,用于更新和修改记录的语句是_____。
14. 数据库DB、数据库系统DBS和数据库管理系统DBMS,三者之间的关系是_____。
15. 一个班级有多名学生,则班级与学生之间的关系是_____关系。
16. 列出成绩登记表中"高等数学"成绩为80～90分的学生信息(学号、姓名)的SQL语句是_____。
17. 利用SQL提供的函数,欲求大学物理成绩登记表中成绩的平均分,可用到的SQL语句是_____。
18. 欲求出成绩登记表中成绩的总分,可用到的SQL语句是_____。
19. 窗体是Access数据库常用对象,它是一个用户和应用程序之间的_____。
20. 通过窗体用户可以很方便地完成_____、_____、添加、编辑、删除数据等操作。
21. Access的窗体分为4类:_____、控制窗体、_____和交互窗体。
22. Access的控制窗体用于_____,起到控制模块的作用。
23. 交互窗体用于_____、_____,提醒用户,供其选择。
24. 在Access中,_____是用来修改或调整窗体布局的窗口,可以调整列宽、修改控件的宽度及位置等。

25. 可以使用 Access 的_____来创建由一个或多个数据表组成的窗体。

8.4 自测试题答案与分析

一、选择题

1. A 2. C 3. A 4. D 5. A
6. D 7. C 8. B 9. A 10. B
11. B 12. D 13. D 14. C 15. B
16. C 17. A 18. D 19. C 20. D
21. A 22. D

二、填空题

1. DB、DBMS

【解析】 数据库(Database,DB),可以形象地被视为电子化的文件柜,用于存储电子文件,用户可以对文件中的数据进行新增、截取、更新、删除等操作。专业人士这样定义数据库：数据库是以一定方式储存在一起,可提供多个用户共享,具有尽可能小的冗余度,与应用程序彼此独立的数据集合。数据库管理系统(Database Management System,DBMS)是管理数据库的软件系统,一般具有存储、截取、安全保障、备份等基础功能。数据库管理系统可以依据它所支持的数据库模型来分类,如关系式、XML；也可以依据所支持的计算机类型来分类,如服务器群集、移动电话；或依据所用查询语言来分类,如 SQL、XQuery；还可以依据性能冲量重点来分类,如最大规模、最高运行速度；或者其他的分类方式。不论使用哪种分类方式,一些 DBMS 能够支持跨类别使用,例如,同时支持多种查询语言。

2. 管理数据库、建立数据库、维护数据库

3. 选择、投影、连接

【解析】 关系的基本运算分两类：一类是并、差、交等集合运算；另一类是选择、投影、连接、除法、外连接等专门的关系运算。有些查询需要几个基本运算的组合,要经过若干步骤才能完成。选择、投影、连接是 3 种最基本的关系操作。

4. 选取所需要的列,组成一个新关系

5. 数据表的连接运算可以将表,组合成一个更宽

6. 二维表结构、二维表

【解析】 关系实际上就是关系模式在某一时刻的状态或内容。关系模式是静态的、稳定的；而关系是动态的、随时间不断变化的。在实际运用中也常常把关系模式和关系统称为关系。

7. 小型关系型数据库管理系统

【解析】 MySQL 是一种由瑞典 MySQL AB 公司开发的小型关系型数据库管理系统。MySQL 是常用的关系型数据库管理系统之一。在 Web 应用开发方面,MySQL 被应用软件开发者们广泛采用。

关系数据库是建立在关系数据库模型基础上的数据库,利用集合代数的概念和方法来处理数据库中的数据,它将组织成一组具有正式描述性的表格。这些表格中的数据能以许多不同的方式被存取或被重新召集,而不需要重新组织数据库表格。每个表格也称为一个关系,包含用列表示的一个或更多的数据种类。表的每行包含一个数据实体。

8. 计算机硬件、计算机软件、数据库和工作人员

【解析】 关于数据库系统的组成,业界是这样界定的:

数据库系统由4个部分组成:

(1)数据库,即长期存储在计算机内,有组织、可共享的数据的集合。数据库中的数据按一定的数学模型组织、描述和存储,具有较小的冗余度、较高的数据独立性和易扩展性,并可为各种用户共享。

(2)计算机硬件,即构成计算机系统的各种物理设备,包括存储所需的外部设备。

(3)软件,包括操作系统、数据库管理系统及应用程序。其中数据库管理系统是数据库系统的核心软件,它能够科学地组织和存储数据,高效地获取和维护数据。

(4)工作人员可分为4类:系统分析员和数据库设计人员、应用程序员、最终用户、数据库管理员。

9. 桌面数据库系统

10. ORDER BY

11. GROUP BY

12. DELETE

13. UPDATE

14. DBS 包含 DB 和 DBMS

15. 一对多

16.

SELECT 学号,姓名 FROM 成绩登记表
WHERE 成绩>=80 AND 成绩<=90 AND 课程名称="高等数学";

17.

SELECT AVG(成绩) AS 平均分 FROM 成绩登记表
WHERE 课程名称="大学物理";

18.

SELECT SUM(成绩) AS 总分 FROM 成绩登记表;

19. 交互界面

20. 查找、建立

21. 数据操作窗体、信息窗体

22. 控制对象或运行程序

23. 显示警告、提示信息

24. 布局视图

25. 窗体向导

第9章 多媒体基础知识

9.1 学习目标

多媒体技术是如今发展最快的信息技术领域之一,是新一代电子技术发展和竞争的焦点。多媒体技术集声音、文本、图像、动画、视频、通信等多种功能于一体,为计算机进入人类生活和生产起到了十分重要的作用,给人们的工作、生活、学习和娱乐带来巨大的改变。

本章学习目标:

- 理解多媒体基础知识;
- 理解多媒体计算机系统;
- 了解多媒体信息数字化;
- 了解数据压缩技术;
- 了解多媒体创作工具。

9.2 典型例题解析

1. 多媒体技术拥有明显的特征,主要特点包括(　　)。
   A. 数字化、交互性、集成性、时变性　　B. 独立性、交互性、集成性、时变性
   C. 不确定性、交互性、集成性、非线性　D. 多样性、集成性、交互性、实时性

   【答案】 D。

   【解析】 多媒体技术的特点如下所述。

   (1) 多样性,是多媒体及多媒体技术的主要特征之一,也是多媒体研究的关键方向。

   (2) 集成性,多媒体的集成性主要体现在以下两个方面:多媒体信息的集成以及操作这些媒体信息的工具和设备的集成。

   (3) 交互性,是通过各种媒体信息,使参与的各方都可以进行编辑、控制和传递。交互性是多媒体技术的关键特性。

   (4) 实时性,是多媒体技术中涉及的一些媒体,如音频和视频信息,具有很强的时间特性,会随着时间的变化而变化。

   2. 以下光盘类型中,可以对其反复重写信息的是(　　)。
      A. CD-ROM　　　　B. CD-R　　　　C. CD-RW　　　　D. DVD-ROM

【答案】 C。

【解析】 可擦写光盘(CD-ReWritable,CD-RW)代表一种"重复写入"技术。CD-RW刻录机可以反复擦写 CD-RW 光盘的原理主要是应用了"相变"技术。CD-RW 与 CD-R 一样利用大功率的激光照射,对光盘本身的感光物质进行瞬间加温。与 CD-R 不同的是,CD-RW 进行了相位转换,用于记录数据。CD-RW 刻录机如图 9-1 所示。

3. 在多媒体信息数字化的过程中关于音频数字化,以下顺序正确的是(   )。

   A. A/D 变换、采样、压缩、存储、解压缩、D/A 变换
   B. 采样、压缩、A/D 变换、存储、解压缩、D/A 变换
   C. 采样、A/D 变换、压缩、存储、解压缩、D/A 变换
   D. 采样、D/A 变换、压缩、存储、解压缩、A/D 变换

图 9-1 CD-RW 刻录机

【答案】 C。

【解析】 数字音频信息获取与处理的过程是采样、A/D 变换、压缩、存储、解压缩、D/A 变换。

4. 下列文件格式中,属于无损压缩格式的是(   )。

   A. APE   B. JPEG   C. MP3   D. RMVB

【答案】 A。

【解析】 APE 是一种流行的数字音乐无损压缩格式,在全世界拥有广泛的用户群。有损压缩格式会损害原始数据,进而缩减源文件体积。而 APE 的无损压缩格式,是以更精炼的记录方式来缩减体积,还原后数据与源文件一样,从而保证了文件的完整性。APE 由软件 Monkey's audio 压制得到,开发者为 Matthew T. Ashland。相比于同类文件格式 FLAC,APE 具有查错能力但不提供纠错功能;APE 的压缩率约为 55%,比 FLAC 高,体积大概为原 CD 的一半。

5. 下列常用软件中,属于图像处理软件的是(   )。

   A. Access   B. Photoshop   C. PowerPoint   D. WinRAR

【答案】 B。

【解析】 Adobe Photoshop(简称 PS)是由 Adobe Systems 开发和发行的图像处理软件。PS 主要处理由像素所构成的数字图像。通过 PS 提供的众多编修与绘图工具,可以有效地进行图片编辑工作。PS 因其具有很多功能,在图像、图形、文字、视频、出版等各方面都有应用。

6. 多媒体信息可以同时进行接收和处理这两项操作,这种技术称为(   ),它能很好地解决多媒体信息在网络上的传输问题。

   A. 多媒体技术   B. 流媒体技术   C. ADSL   D. 智能化技术

【答案】 B。

【解析】 流媒体是将一连串的媒体数据压缩后,经过网络分段发送数据,在网络上即时传输影音以供观赏的一种技术与过程,流媒体技术使得数据包像水流一样源源不断地发送,可以连续不断地欣赏影音,否则就必须在观看前下载整个媒体文件。

7. 在(1)压缩比、(2)算法复杂度、(3)恢复效果、(4)标准化中,(   )是衡量数据压缩

技术性能的指标。

  A. (1)(3)   B. (1)(2)(3)   C. (1)(3)(4)   D. 全部

【答案】 A。

 8. 颜色空间也称为彩色模型,计算机显示器采用的颜色模型是( )。

  A. RGB   B. CMYB   C. Lab   D. HSB

【答案】 A。

【解析】 RGB 模式是由红、绿、蓝 3 种基本色构成颜色空间,计算机显示器采用这种颜色模式。RGB 色彩就是常说的三原色,R 代表 Red(红色),G 代表 Green(绿色),B 代表 Blue(蓝色)。自然界中肉眼所能看到的任何色彩都可以由这 3 种色彩混合叠加而成,因此也称为加色模式。

9.3 自测试题

一、选择题

 1. MPEG-1 标准包括视频、( )、系统和一致性测试 4 大部分。

  A. 图像   B. 音频   C. 媒体   D. 文字

 2. 位图图像将连续图像按行列方式定点采样并数字化,图像中的每一点都数字化为一个值,所有的这些值就组成了位图图像。位图图像是( )的基础。

  A. 视觉表示方法   B. 图像处理   C. 多媒体技术   D. 数据加工

 3. 利用数据的统计冗余进行压缩的格式是( ),它可完全恢复原始数据而不引起任何失真。

  A. 有损压缩   B. 无损压缩   C. 静态压缩   D. 动态压缩

 4. 对压缩后的数据进行重构,重构后的数据与原来的数据有所不同,但不影响人对原始资料所表达的信息造成误解的是( )。

  A. 有损压缩   B. 无损压缩   C. 静态压缩   D. 动态压缩

 5. 可以把相同视觉区作为整体,并用很少的信息表示的压缩称为( )。

  A. 空间压缩   B. 时间压缩   C. 静态压缩   D. 动态压缩

 6. 可以把连续帧的重复部分或渐变过程中的相似部分作为整体,用极少的信息量表示的压缩是( )。

  A. 空间压缩   B. 时间压缩   C. 静态压缩   D. 动态压缩

 7. 下列属于多媒体的是( )。

  A. 交互式视频游戏   B. 报纸   C. 彩色画报   D. 彩色电视

 8. 下面 4 种设备中,( )不属于多媒体设备。

  A. 红外遥感器   B. 数码相机   C. 触摸屏   D. 网络适配器

 9. 最流行的音乐文件格式之一是 MP3 文件,要将 WAVE 音频格式文件转换成 MP3 格式,采用的压缩标准是( )。

  A. MPEG-7   B. MPEG-4   C. MPEG-1   D. MPEG-2

10. 数字激光唱盘 CD-DA 的标准采样频率为 44.1kHz，采样 AD 位数为 16 位，立体声，录制 1min 未经压缩的音乐需要的存储量为（　　）。
　　A．5.292MB　　　B．14.112MB　　　C．10.584MB　　　D．21.168MB
11. 对于视频信号，不同的色彩空间（　　）。
　　A．用于不同制式的电视　　　　　B．可以相互转换
　　C．不能相互转换　　　　　　　　D．用于不同的模拟视频和数字视频
12. 增量调制是一种（　　）技术。
　　A．预测编码　　　B．行程编码　　　C．算术编码　　　D．变换编码
13. 基于 IP 的视频会议采用的标准是（　　）。
　　A．SIP　　　　　B．H.323　　　　C．IMS　　　　　D．MMS
14. 3DS MAX 的灯光可以让模型或场景（　　）。
　　A．更具有立体效果　　　　　　　B．接近真实的材质
　　C．具有金属效果　　　　　　　　D．具有动态效果
15. 多媒体数据压缩的评价标准有（　　）。
　　A．压缩比率、压缩与解压缩的速度、编码方法
　　B．压缩质量、压缩与解压缩的速度、编码方法
　　C．压缩比率、压缩质量、压缩与解压缩的速度
　　D．压缩比率、压缩质量、编码方法
16. MIDI 的音乐合成器有（　　）。
　　A．音轨、复音　　　　　　　　　B．FM、波表
　　C．复音、FM、波表　　　　　　　D．音轨、复音、FM、波表
17. 数字电影是以（　　）为单位的图像序列。
　　A．页　　　　　　B．节　　　　　　C．帧　　　　　　D．段
18. （　　）分支结构可以用于说明某个过程的发生顺序，模拟某个连续动作。
　　A．顺序　　　　　B．循环　　　　　C．随机　　　　　D．条件
19. （　　）是多媒体作品的基本特性。
　　A．流畅性　　　　B．趣味性　　　　C．及时性　　　　D．交互性
20. 以下不能用声音图标导入声音文件的格式是（　　）。
　　A．MP3　　　　　B．PCM　　　　　C．AIFF　　　　　D．MIDI
21. JPEG 数据压缩编码标准，用于（　　）压缩。
　　A．视频图像　　　　　　　　　　B．静态图像
　　C．音频数据　　　　　　　　　　D．音频和视频数据
22. MPEG-1 数据压缩编码标准，用于（　　）压缩。
　　A．静态图像　　　　　　　　　　B．音频数据
　　C．视频图像　　　　　　　　　　D．音频和视频数据
23. 下列关于 MIDI 文件与 WAV 文件的说法，正确的是（　　）。
　　A．MIDI 文件的优点是可以重现自然声音
　　B．MIDI 文件的扩展名为.MID
　　C．WAV 文件比 MIDI 文件占用的存储空间小

D. 多个 WAV 文件可以同时播放,但多个 MIDI 文件不能同时播放

24. 下列关于数码相机的说法,不正确的是(   )。
    A. 数码相机不支持即插即用
    B. 数码相机的连拍速度越快,单位时间内所拍摄的画面数越多
    C. 数码相机的像素越高,图像越清晰
    D. 数码相机分辨率越高,图像文件占用的存储空间越大

25. 下列关于无损压缩的说法,不正确的是(   )。
    A. 无损压缩的压缩比高
    B. 无损压缩是一种可逆压缩
    C. 常用的无损压缩格式有 BMP、PCX 等
    D. 无损压缩可以保留源文件中的全部信息

26. 对音频信号进行采样,采样频率与信息存储量相关,下列说法正确的是(   )。
    A. 采样频率越高,信息存储量越小   B. 采样频率越低,信息存储量越大
    C. 采样频率越高,信息存储量越大   D. 采样频率与信息存储量没有关系

27. 下列关于有损压缩的说法,错误的是(   )。
    A. 有损压缩是一种可逆压缩
    B. 有损压缩的压缩比高
    C. 视频压缩技术标准 MPEG 是有损压缩
    D. 有损压缩的数据还原后有一定的损失

28. 下列技术参数中,(   )不是音频信息数字化的参数。
    A. 主频   B. 量化位数   C. 采样频率   D. 声道数

29. 下列图像压缩格式中,能将多幅图像保存在一个图像文件,并使之形成动画的是(   )。
    A. TIF   B. BMP   C. JPG   D. GIF

30. 下列常用设备中,不属于多媒体输入设备的是(   )。
    A. 麦克风   B. 扫描仪   C. SCSI 硬盘   D. 摄像头

31. 不属于多媒体传输协议的是(   )。
    A. PSVP   B. MMS   C. RTP   D. QOP

32. 将图像数据压缩是为了(   )。
    A. 提高图像的亮度   B. 提高图像的清晰度
    C. 提高图像的对比度   D. 减少图像对存储空间的占用量

33. FLA 文件格式是(   )。
    A. 动画   B. 图像   C. 视频   D. 音频

34. 声卡可以根据(   )来分类,分为 8 位、16 位、32 位等。
    A. 量化误差   B. 量化位数   C. 采样频率   D. 接口总线

35. 多媒体技术是对多种媒体(   )。
    A. 信息进行处理的技术   B. 信息进行压缩存储的技术
    C. 信息进行网络传输并再现的技术   D. 网页实现超文本链接的技术

36. 数据可以被压缩是因为数据存在（　　）。
    A. 连续性　　　　B. 相关性　　　　C. 一致性　　　　D. 无关性
37. 根据以下文件名的后缀可以判断，（　　）是图像文件。
    A. a.mp3　　　　B. a.bmp　　　　C. a.txt　　　　D. a.doc
38. 计算机在存储波形声音之前,应该进行（　　）。
    A. 压缩处理　　　B. 解压缩处理　　C. 数字化处理　　D. 模拟化处理
39. 以下各种标准中,（　　）是可视电话标准。
    A. JPEG2000　　　B. JPEG　　　　C. MPEG-2　　　D. H.263
40. 网络上传输的 RM 是一种（　　）的压缩规范。
    A. 音频　　　　　B. 视频　　　　C. 音频视频　　　D. 图像
41. 预测编码 DPCM(差分脉冲编码调制)是对（　　）进行编码。
    A. 输入　　　　　　　　　　　　B. 预测误差量化值的熵
    C. 量化后的预测误差　　　　　　D. 都不正确

二、填空题

1. 数据压缩可分为＿＿＿＿、＿＿＿＿两种类型。
2. WAVE 格式是微软公司开发的一种声音文件格式,也称为＿＿＿＿,在 Windows 平台上得到广泛应用。
3. JPEG 标准即多灰度＿＿＿＿的数字压缩编码。
4. JPEG 是一种＿＿＿＿压缩,具有较大的压缩比。
5. PNG 格式具有 GIF 和 JPEG 的优点,是一种＿＿＿＿的压缩文件格式。
6. BMP 文件格式是＿＿＿＿格式。
7. MPEG 是适用于＿＿＿＿的编码标准。
8. 在 VOD 系统中,＿＿＿＿是用于存储视频资源并且提供检索能力的设备。
9. 软件 Director、ToolBook 和 Authorware 和＿＿＿＿是基于流程图的交互式多媒体制作工具。
10. 在顺序的树型、非线性的网状和随机的链式结构中,超文本属于＿＿＿＿结构。
11. 多媒体计算机与电视机的主要区别是多媒体计算机可以＿＿＿＿。
12. 媒体又称为媒介是指＿＿＿＿。
13. 扩展名默认为 .wav 的文件属于＿＿＿＿文件。

9.4　自测试题答案与分析

一、选择题

1. B	2. A	3. B	4. A	5. A	6. B
7. A	8. D	9. B	10. A	11. A	12. A
13. B	14. A	15. C	16. B	17. C	18. A
19. D	20. D	21. B	22. D	23. C	24. A

25. A   26. C   27. A   28. A   29. D   30. C
31. D   32. D   33. A   34. B   35. A   36. B
37. B   38. C   39. D   40. C

【解析】 RM 格式文件是 RealNetworks 公司开发的一种流媒体视频文件格式,可以根据网络数据传输的不同速率制定不同的压缩比率,从而实现在 Internet 上,以低速率实时传送和播放视频文件。

41. B

二、填空题

1. 无损压缩、有损压缩

【解析】 数据压缩分为两种类型,即无损压缩和有损压缩。

无损压缩是对文件本身的压缩,和其他数据文件的压缩一样,是对文件的数据存储方式进行优化,采用某种算法表示重复的数据信息,文件可以完全还原,而不会影响文件内容。对于数码图像而言,也不会对图像细节造成任何损失。

有损压缩是对图像本身的改变,在保存图像时保留了较多的亮度信息,而将色相和色纯度的信息和周围的像素进行合并,合并的比例不同,压缩的比例也不同。由于信息量减少了,压缩比可以很高,图像质量也会相应下降。

2. 波形声音文件

【解析】 波形声音文件格式是微软公司开发的一种声音文件格式,也叫 WAVE,是最早的数字音频格式,得到了 Windows 平台及其应用程序的广泛支持。WAVE 格式支持许多压缩算法,同时可以支持多种音频位数、采样频率和声道,WAVE 格式由于其音质好,常应用于一些 Flash 动画的特殊音效中。但 WAVE 格式对存储空间需求太大,不便于交流和传播。

3. 静止图像

4. 有损

5. 无损

6. 位图

7. 动态图像和伴音

8. 视频服务器

【解析】 视频服务器是对视频音频数据进行压缩、存储及处理的专用设备。视频服务器采用 MPEG4 或 MPEG2 等压缩格式,在符合技术指标的情况下对视频数据进行压缩编码,以满足存储和传输的要求。它在远程监控方面有广泛的应用。

9. Authorware

【解析】 Authorware 是由美国 Macromedia 公司开发的一种多媒体制作软件,是图标导向式的多媒体制作工具。它无须传统的计算机语言编程,只要通过对图标的调用来编辑一些控制程序走向的活动流程图,将文字、图形、声音、动画、视频等各种多媒体项目数据汇在一起,就可以制作多媒体作品。

10. 非线性的网状

11. 进行人机交互

12. 存储信息的实体和传输信息的载体

13. 声音

计算机网络及应用

10.1 学习目标

本章内容涉及网络的基本知识、局域网技术与 Internet 的应用、局域网的组建等方面。

本章学习目标：
- 掌握计算机网络的概念及分类；
- 理解局域网的组网技术；
- 理解 Internet 的基本概念；
- 了解 TCP/IP 和 Internet 地址；
- 了解常见的 Internet 接入技术和方法；
- 了解 Internet 的应用。

10.2 典型例题解析

1. Internet 的前身是（　　）网。
   A. ARCNET　　　　B. CERNET　　　　C. AT&T　　　　D. ARPANET
   【答案】 D。
   【解析】 Internet 是在美国早期的军用计算机网 ARPANET 的基础上经过不断地发展和改变而形成的。

2. 网络能够向用户提供的共享资源包括（　　）资源。
   A. 信息　　　　　　　　　　　　B. 硬件、软件和数据
   C. 硬件和数据　　　　　　　　　D. 硬件和软件源
   【答案】 B。
   【解析】 计算机网络的最主要的目标是向用户提供可以共享的资源。网络中可以共享的资源有3类：软件、硬件和数据。

   (1) 软件共享，是指计算机网络内的用户可以共享计算机网络中的软件资源，包括各种语言处理程序、应用程序和服务程序。

   (2) 硬件共享，是指可在网络范围内提供对处理资源、存储资源、输入输出资源等硬件资源的共享，特别对于一些高级和昂贵的设备，如巨型计算机、大容量存储器、绘图仪、高分

辨率的激光打印机等,都有较为广泛的应用。

(3) 数据共享,是对网络范围内的数据共享。可供每个上网者浏览、咨询、下载。

3. 可根据网络的(　　),将网络分为局域网、城域网、广域网。

　　A. 拓扑结构　　　　B. 控制方式　　　　C. 覆盖范围　　　　D. 传输介质

【答案】 C。

【解析】 计算机网络根据覆盖范围可以分为:局域网、城域网、广域网。

(1) 局域网,是将方圆几千米范围内的各种计算机和外部设备,通过高速通信线路互相连接起来,从而组成的计算机通信网。

(2) 城域网,是将几十千米范围内,城市的多个行政区或者整个城市中的公司和企业的局域网互连起来,从而形成的大型网络集群系统。城域网是介于局域网和广域网之间的一种高速网络。

(3) 广域网,是将远距离(范围从几十千米到几千千米)网络和资源连接起来的通信网络。Internet 就是一种典型的连接全球的开放式广域网。

4. 一种重要的网络类型被称为星型网,这是按照(　　)分类的。

　　A. 拓扑结构　　　　B. 外形　　　　　　C. 传输介质　　　　D. 通信协议

【答案】 A。

【解析】 按拓扑结构,可将计算机网络分为:总线型、星型、树型、环型和网状。在星型网络拓扑结构中通过点到点通信线路与中心节点连接。星型结构简单、便于管理,但缺点是中心节点出现故障将导致全网瘫痪。5 种拓扑结构的计算机网络如图 10-1 所示。

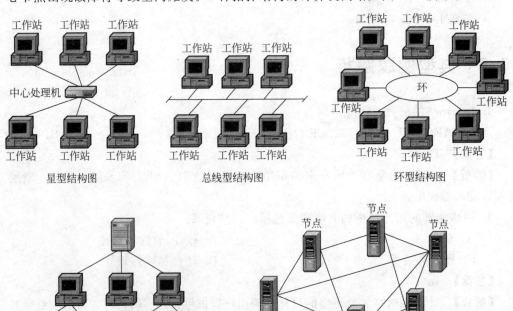

图 10-1　5 种拓扑结构的计算机网络

5. 传输介质中（　　）是带宽最宽、信号衰减最小、抗干扰能力最强的一类传输介质。
   A. 双绞线　　　　　B. 光纤　　　　　C. 同轴电缆　　　　D. 无线信道

【答案】　B。

【解析】　光纤网是利用光导纤维传输光波信号的通信网络方式。光导纤维（简称光纤）是一种传输光波信号的介质。光纤网的特点有：通信容量大，中继距离远，抗电磁干扰，无串话，体积小，重量轻，原材料丰富，节约有色金属。电信级 LC-LC 光纤跳线，如图 10-2 所示。

图 10-2　电信级 LC-LC 光纤跳线

6. 在 OSI 参考模型即网络 7 层模型中，处于最底层的是（　　）。
   A. 应用层　　　　　B. 传输层　　　　C. 数据链路层　　　D. 物理层

【答案】　D。

【解析】　OSI 参考模型是国际标准化组织 ISO 于 1985 年发布的网络互联模型。模型定义了网络互连的 7 层框架：物理层、数据链路层、网络层、传输层、会话层、表示层和应用层。OSI 参考模型，如图 10-3 所示。OSI 开放系统互连参考模型，详细规定了每层的功能，以实现开放系统环境中的互连性、互操作性和应用的可移植性等。

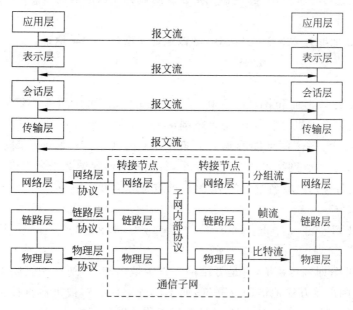

图 10-3　OSI 参考模型

7. 为了实现数据在网络中的交换,建立的( )称为网络协议。
    A. 规定、标准   B. 规则、标准或约定   C. ISO 标准   D. 一般规则
【答案】 B。
【解析】 网络协议是网络上所有设备(包括网络服务器、计算机及交换机、路由器、防火墙等)之间的通信规则的集合,它规定了通信时信息必须采用的格式及其意义。大多数网络都采用分层的体系结构,每一层都建立在它的下层之上,向它的上一层提供一定的服务,而把如何实现这一服务的细节对上一层加以屏蔽。

8. 以下网络设备中,( )的作用是实现计算机和网络电缆之间的物理连接。
    A. 集线器   B. 交换机   C. 网卡   D. 路由器

图 10-4 网卡

【答案】 C。
【解析】 网卡是一种工作在链路层的网络组件,它是局域网中计算机与传输介质连接的部件,不仅能实现与局域网传输介质之间的物理连接和电信号匹配,还涉及帧的发送与接收,帧的封装与拆封,介质访问控制,数据的编码与解码以及数据缓存等功能。网卡如图 10-4 所示。

9. 以下网络设备中,( )的作用是将多个逻辑上相互独立的网络连接起来。
    A. 集线器   B. 交换机   C. 网卡   D. 路由器
【答案】 D。
【解析】 路由器又称网关设备,用于连接多个逻辑上分开的网络。当数据从一个子网传输到另一个子网时,可以通过路由器的路由功能来完成。因为路由器具有判断网络地址和选择 IP 路径的功能,它能在多网络互连环境中,建立灵活的连接,用完全不同的数据分组和介质访问方法连接各种子网,路由器只接受源站或其他路由器的信息,属于网络层的一种互连设备。

10. 如果 IP 地址为 223.166.20.10,则该地址属于( )类地址。
    A. A   B. B   C. C   D. D
【答案】 C。
【解析】 A 类 IP 地址范围从 1.0.0.0 到 126.0.0.0。可用的 A 类网络有 126 个,每个网络能容纳 1 亿多个主机。B 类 IP 地址范围从 128.0.0.0 到 191.255.255.255。可用的 B 类网络有 16 382 个,每个网络能容纳 6 万多个主机。C 类 IP 地址范围从 192.0.0.0 到 223.255.255.255。C 类网络可达 209 万余个,每个网络能容纳 254 个主机。

11. 通过域名得到该域名对应的 IP 地址的过程称为域名解析。将一个给定的域名,解析为 IP 地址的是( )。
    A. HTTP   B. TCP   C. DNS   D. DHCP
【答案】 C。
【解析】 DNS 即域名系统,它是万维网上作为域名和 IP 地址相互映射的一个分布式数据库,能够使用户更方便地访问互联网,而不用去记住能够被机器直接读取的 IP 数串。通过域名,最终得到该域名对应的 IP 地址的过程称为域名解析(或主机名解析)。

12. www.oxbridge.edu.cn 用于标识 Internet 中主机的(　　)。

　　A. 主机名　　　　B. 域名　　　　C. 行业名　　　　D. 机构名

【答案】　B。

【解析】　域名是由一串用点分隔的名字组成的 Internet 上某一台计算机或计算机组的名称,用于在数据传输时标识计算机的电子方位。

13. 域名 www.oxbridge.edu.cn 中,edu 表示(　　)。

　　A. 政府部门　　　B. 商业组织　　　C. 教育机构　　　D. 军事部门

【答案】　C。

【解析】　Internet 的域名中常用的顶级域名,如表 10-1 所示。

表 10-1　常用的顶级域名代码

顶级域名	域名类型	顶级域名	域名类型
com	商业组织	int	国际组织
edu	教育机构	mil	军事部门
gov	政府部门	org	非盈利组织
net	网络组织	国家的顶级域名代码	各个国家

14. "宽带"接入 Internet 是指(　　)接入技术。

　　A. Modem　　　　B. ADSL　　　　C. HFC　　　　D. DDN 专线

【答案】　B。

【解析】　ADSL 即非对称数字用户线路,因提供的上行和下行带宽不对称而得名,它是一种数据传输方式。ADSL 技术采用频分复用技术,把普通的电话线分成了电话、上行和下行 3 个相对独立的信道,以避免相互之间的干扰。用户可以边打电话边上网,而不用担心上网速率和通话质量下降的情况。理论上,ADSL 可在 5km 的范围内,在一对铜缆双绞线上提供最高 1Mb/s 的上行速率和最高 8Mb/s 的下行速率,能同时提供话音和数据业务。ADSL 接入模型,如图 10-5 所示。

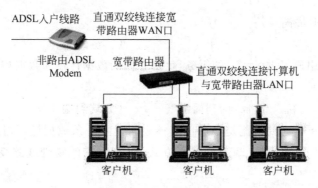

图 10-5　ADSL 接入模型

15. guy@163.com 是某人的(　　)地址。

　　A. www　　　　B. 网名　　　　C. 电子邮件　　　　D. 微博名

【答案】　C。

【解析】 电子邮件是一种用电子手段提供信息交换的通信方式，是在互联网中应用最广泛的一种服务。

10.3 自测试题

一、选择题

1. 网络最突出的特点是（　　）。
   A. 传输速度快　　　B. 存储容量大　　　C. 实现资源共享　　　D. 通信安全
2. （　　）不是计算机网络的主要功能。
   A. 信息交换　　　B. 并发性　　　C. 实现资源共享　　　D. 分布式处理
3. 网络服务器为计算机网络提供的资源共享，不包括（　　）。
   A. 硬件　　　B. 软件　　　C. 数据　　　D. 控制
4. 按照网络的覆盖范围分类，计算机网络分为：局域网、城域网和（　　）。
   A. 广域网　　　B. 企业网　　　C. 校园网　　　D. 国家网
5. 网络常用术语中 WAN 是（　　）的英文简写。
   A. 城域网　　　B. 广域网　　　C. 校园网　　　D. 国家网
6. 一般情况下，小企业会组建一个（　　）。
   A. 城域网　　　B. 企业订货网　　　C. 局域网　　　D. 广域网
7. 计算机网络中，通信双方为了实现通信而约定的规则是（　　）。
   A. 网络结构　　　B. 网络协议　　　C. 网络规范　　　D. 网络拓扑
8. OSI 模型把网络通信分为（　　）层。
   A. 5　　　B. 6　　　C. 7　　　D. 8
9. OSI 模型的物理层是（　　）层。
   A. 最底　　　B. 第二　　　C. 第三　　　D. 最高
10. OSI 模型的最高层是（　　）层。
    A. 会话　　　B. 应用　　　C. 链路　　　D. 表示
11. 传输层向用户提供（　　）的服务，负责总体的数据传输和数据控制，是资源子网与通信子网之间的界面和桥梁。
    A. 主机到主机　　　B. 面到面　　　C. 端到端　　　D. 门到门
12. 数据链路层的主要功能是在通信实体之间建立一条数据链路，传输以（　　）为单位的数据包，并采用流量控制、差错控制等方式，将有差错的物理线路变为无差错的数据链路。
    A. 帧　　　B. 文件　　　C. 行　　　D. 字节
13. 网络层提供（　　）的通信服务，确定从源节点沿着网络到目的节点的路由选择。
    A. 主机到主机　　　B. 面到面　　　C. 端到端　　　D. 门到门
14. TCP/IP 网络通信描述为 4 层：应用层、传输层、网络互联层和（　　）。
    A. 网络物理　　　B. 网络通信　　　C. 网络链路　　　D. 网络接口层

15. TCP 的主要功能是(　　)。
    A. 数据交换　　　　　　　　　　B. 数据通信的安全
    C. 路由控制　　　　　　　　　　D. 数据的可靠交付
16. 建立一个局域网需要网络硬件和(　　)。
    A. 网络软件　　B. 网络拓扑　　C. 网络接口　　D. 网络电缆
17. 建立一个局域网最重要的网络硬件是(　　)。
    A. 工作站　　　B. 服务器　　　C. 网卡　　　　D. 网络电缆
18. 以下网络设备中,(　　)可以用于实现不同类型的局域网互连,或用于实现局域网与广域网互连。
    A. 交换机　　　B. 集线器　　　C. 路由器　　　D. 网卡
19. 目前计算机网络传输介质中,数据传输速率高的是(　　)。
    A. 双绞线　　　B. 微波　　　　C. 光纤　　　　D. 同轴电缆
20. 目前广域网中,最常用的网络介质是(　　)。
    A. 双绞线　　　B. 微波　　　　C. 光纤　　　　D. 同轴电缆
21. 有线网络的传输介质不包括(　　)。
    A. 双绞线　　　B. 微波　　　　C. 光纤　　　　D. 同轴电缆
22. 无线网络的传输介质不包括(　　)。
    A. 双绞线　　　B. 微波　　　　C. 无线电波　　D. 红外线
23. 局域网中所有工作站都连接到一条通信线上,此连接结构是(　　)。
    A. 星型结构　　B. 总线结构　　C. 环型结构　　D. 网状结构
24. (　　)是以太网标准。
    A. IEEE 803.2　B. IEEE 802.11　C. IEEE 802.11g　D. IEEE 802.3
25. 以下网络设备中,(　　)是 AP 与宽带路由器的结合体。
    A. 交换机　　　B. 无线路由器　C. 路由器　　　D. 网卡
26. 图 10-6 所示的网络连接器材是(　　)。
    A. 双绞线　　　B. 微波　　　　C. 光纤　　　　D. 同轴电缆
27. 图 10-7 所示的网络连接器材是(　　)。
    A. RJ-45 接头　　　　　　　　　B. 光缆接头盒
    C. BNC 接头　　　　　　　　　　D. 光纤快速连接器

图 10-6　网络连接器材(1)

图 10-7　网络连接器材(2)

28. IPv4 中,下列 IP 地址属于 A 类的是( )。
    A. 60.60.10.5   B. 178.60.99.42
    C. 202.120.100.200   D. 198.168.80.10
29. HTML 的中文名是( )。
    A. WWW 编程语言   B. 编程语言
    C. 超文本标记语言   D. 主页制作语言
30. 使用( )可以链接到同一网页或不同网页的指定位置。
    A. CSS   B. 锚记链接   C. 层   D. 表单
31. ( )是 Internet 国际互联网络的基础。
    A. TCP/IP   B. OSI   C. FTP   D. UDP
32. 下列关于 Internet 网的叙述中,正确的是( )。
    A. Internet 构筑于 7 层体系结构   B. Internet 基于 Netbios 协议
    C. Internet 基于 TCP/IP   D. Internet 基于 OSI/RM
33. 下列网络设备中,( )的主要功能是对接收到的信号进行再生整形放大,以增加网络的传输距离,同时把所有节点集中在以它为中心的节点上。
    A. 路由器   B. 交换机   C. 网卡   D. 集线器
34. 在互联网上发送电子邮件使用的协议是( )。
    A. HTTP   B. SMTP   C. POP3   D. FTP
35. 在互联网上接收电子邮件使用的协议是( )。
    A. HTTP   B. SMTP   C. POP3   D. FTP
36. 在互联网上文件传输使用的协议是( )。
    A. HTTP   B. SMTP   C. POP3   D. FTP
37. 以双绞线作为网络通信介质时,对应的网线接头应该是( )。
    A. RJ-11   B. COM   C. RJ-45   D. BNC
38. 在 Outlook 中可以借助( )的方式传送一个文件。
    A. 导出   B. 附件   C. FTP   D. SMTP
39. 一封电子邮件发送后,如果接收者的计算机没有开机,这封电子邮件将被保存到( )。
    A. SMTP 服务器上   B. POP3 服务器上
    C. ISP 的主机上   D. 发信人的邮箱里
40. 开放系统互连参考模型 OSI/RM,即所谓( )层协议。
    A. 7   B. 6   C. 5   D. 4
41. 把文件从网站服务器读取到本地计算机的过程,称为( )。
    A. 超载   B. 卸载   C. 上传   D. 下载
42. 把文件从本地计算机发送到网站文件服务器的过程,称为( )。
    A. 超载   B. 卸载   C. 上传   D. 下载
43. 网易的电子邮件信箱是( )。
    A. 网站邮件服务器内存中的一块区域   B. 网站计算机内存中的一块区域
    C. 网站邮件服务器硬盘上的一块区域   D. 云服务器的一块存储区域

44. 调制解调器(Modem)是一种网络设备,它的功能是实现(　　)。
    A. 模拟信号的放大　　　　　　　　B. 数字信号的整型
    C. 数据的压缩　　　　　　　　　　D. 模拟信号与数字信号间的转换
45. 下列关于 TCP/IP 的叙述,不正确的是(　　)。
    A. 地址解析协议 ARP/RARP 属于应用层
    B. TCP、UDP 都要通过 IP 来发送、接收数据
    C. UDP 提供简单的无连接服务
    D. TCP 提供可靠的面向连接服务

二、填空题

1. 目前常用的无线传输介质有_____、_____、_____和_____。
2. AP 也称为_____,是连接有线网和无线网的桥梁,主要作用是将各个无线网络客户端连接到一起,然后将无线网络接入以太网。
3. 图 10-8 所示的网络通信设备是_____。
4. 图 10-9 所示的网络通信设备是_____。

图 10-8　网络通信设备(1)　　　　图 10-9　网络通信设备(2)

5. 图 10-10 所示的网络通信设备(2)是_____。
6. 图 10-11 所示的网络通信设备(3)是_____。

图 10-10　网络通信设备(3)　　　　图 10-11　网络通信设备(4)

7. 通信线路传输数据的能力称为_____。
8. _____是计算机网络中通信双方为了实现通信而设计的规则。
9. 局域网中的计算机设备包括_____和_____。
10. 网络拓扑结构中的_____结构,存在一个中心设备(集线器),各个工作站都可以连接到它上面。
11. 按照工作模式分,网络包括客户/服务器和_____结构。
12. 目前最常用的局域网标准是 IEEE 802.3 和_____。
13. 接入 Internet 的计算机须遵守_____。
14. 从网址 www.people.com.cn 可以得知,这是一个_____站点。
15. IPv4 中,IP 地址由_____位二进制数组成。
16. Internet 的域名结构是_____。
17. 在 Internet 的顶级域名中包含着_____和_____两类。
18. 网络浏览器默认的网络协议是_____。
19. 当 URL 省略资源文件名时,表示要定位到_____。
20. 77777@163.com 中的 163.com 表示_____。
21. 在 Internet 中将域名翻译为 IP 地址,是由_____完成。
22. Internet 的每一台计算机都有一个唯一的地址,即_____。
23. 网络上常用的 Outlook Express 是一个_____处理软件。
24. TCP/IP 簇中的 IP 工作在_____。
25. WWW 服务使用的协议为_____。
26. ADSL 即宽带接入,全称是_____。
27. 将计算机以拨号方式接入互联网,要使用_____设备。
28. 发现网络出现连接故障时,一般应首先检查_____。
29. 邮件服务器使用 POP3 的主要目的是_____。
30. E-mail 服务器进行电子邮件的发送和接收,一般都支持_____和_____协议。

10.4 自测试题答案与分析

一、选择题

1. C	2. B	3. D	4. A	5. B
6. C	7. B	8. C	9. A	10. B
11. C	12. A	13. A	14. D	15. D
16. A	17. B	18. C	19. C	20. C
21. B	22. A	23. B	24. D	25. B
26. A	27. A	28. A	29. C	30. B
31. A	32. C	33. D	34. B	35. C
36. D	37. C	38. B	39. B	40. A
41. D	42. C	43. C	44. D	45. A

二、填空题

1. 微波、红外线、无线电波、激光
2. 无线访问接入点
3. 光纤跳线(ST-ST 双芯单模跳线)
4. 路由器
5. 无线网卡(双频千兆高速高增益带天线 USB 无线网卡)
6. USB 有线网卡
7. 带宽
8. 网络协议
9. 服务器、客户机
10. 星型
11. 对等网络
12. IEEE 802.11
13. TCP/IP
14. 商业部门
15. 32
16. 计算机主机名.机构名.网络名.顶级域名
17. 国家顶级域名、国际顶级域名
18. HTTP
19. Web 站点的主页
20. 邮件服务器
21. 域名服务器
22. IP 地址
23. 电子邮件
24. 网络层
25. HTTP
26. 非对称数字用户线路
27. 调制解调器
28. 物理连通性
29. 接收邮件
30. SMTP、POP3

第11章 物联网

11.1 学习目标

物联网是当代科学技术飞速发展所带来的产物,它顺应了时代的要求,其未来发展也将势不可挡。

本章学习目标:
- 掌握物联网概念、分类、基础架构;
- 理解识别与定位技术;
- 理解传感器与无线传感器网络技术;
- 了解移动通信与 M2M 技术;
- 了解物联网安全技术。

11.2 典型例题解析

1. 物联网终端按照使用场合可分为固定终端、移动终端和( )。
   A. 手持终端　　　　B. 以太网终端　　　C. 智能终端　　　　D. Wi-Fi 终端

【答案】 A。

【解析】 物联网终端的分类方法有 5 种:按照行业应用分类;按照使用场合分类;按照传输方式分类;按照使用扩展性分类;按照传输通路分类。按照使用场合,可分为:固定终端、移动终端和手持终端。

2. 如果按照传输通路分类,物联网终端包括数据透传终端和( )。
   A. 手持终端　　　　B. 以太网终端　　　C. 非数据透传终端　D. 移动终端

【答案】 C。

【解析】 非数据透传终端,一般将外部多接口采集的数据,通过终端内的处理器合并后传输,因此具有多路同时传输的优点,同时减少了终端数量。

3. 从物联网的框架结构角度来看,物联网包括( )、物联网网络层、物联网应用层。
   A. 传感器层　　　　B. 传感网层　　　　C. 物联网感知层　　D. 服务平台层

【答案】 C。

【解析】 物联网包括:物联网感知层、物联网网络层、物联网应用层。物联网是指通过射频识别(RFID)(RFID+互联网)、红外感应器、全球定位系统、激光扫描器、气体感应器等信息传感设备,按约定的协议,把任何物品与互联网连接起来,进行信息交换和通信,以实现智能化识别、定位、跟踪、监控和管理的一种网络。

4. NFC 技术是一种短距离( )无线通信技术。

　　A. 低频　　　　　　B. 高频　　　　　　C. 中频　　　　　　D. 超高频

【答案】 B。

【解析】 近场通信(NFC)是一种新兴的技术。使用 NFC 技术的设备(比如手机)可以在彼此靠近的情况下进行数据交换,它是由非接触式射频识别(RFID)及互连互通技术整合演变而来,通过在单一芯片上集成感应式读卡器、感应式卡片和点对点通信的功能,利用移动终端实现移动支付、电子票务、门禁、移动身份识别、防伪等功能。

5. NFC 技术根据通信双方是否主动产生 RF 场分为主动、被动和( )3 种通信模式进行信息交换。

　　A. 单向　　　　　　B. 双向　　　　　　C. 增大　　　　　　D. 减小

【答案】 B。

【解析】 NFC 技术根据通信双方是否主动产生 RF 场分为主动、被动和双向 3 种通信模式进行信息交换。在双向通信模式下发起者和目标设备双方均产生射频场来建立通信,通过射频信息的处理建立通信连接,按照选定的传输速度进行通信和应答。

6. 按照输入量分类,传感器可分为:物理、( )和生物传感器。

　　A. 模拟式　　　　　B. 压力　　　　　　C. 数字式　　　　　D. 化学

【答案】 D。

【解析】 按照输入量分类,传感器可分为:物理量、化学量和生物量传感器。化学量传感器包括:离子传感器、气体传感器、湿度传感器。

7. 智能传感器是具有( )的传感器。

　　A. 人工智能　　　　B. 信息处理功能　　C. 计算机　　　　　D. 思维能力

【答案】 B。

【解析】 智能传感器是具有信息处理功能的传感器。智能传感器带有微处理机,具有采集、处理、交换信息的能力,是传感器集成化与微处理机相结合的产物。与一般传感器相比,智能传感器具有以下 3 个优点:通过软件技术可实现高精度的信息采集,而且成本低;具有一定的自动化编程能力;功能多样化。

8. 按照通信方式划分,可穿戴设备包括直接通信、间接通信和( )。

　　A. 无线通信　　　　B. 端到端连接　　　C. 有线通信　　　　D. 网络通信

【答案】 B。

【解析】 美国麻省理工学院的媒体实验室对可穿戴设备的定义是计算机科技结合多媒体和无线传播,以不突显异物感的输入或输出仪器(如首饰、眼镜或衣服)连接个人局域网,侦测特定情境或成为私人智慧助理,进而成为使用者在行动中处理信息的工具。简单地讲,可穿戴设备是指种可以直接穿在身上或整合到衣服或配件的便携式设备。可穿戴设备不仅仅是一种硬件设备,更是可以通过软件支持、数据交互和云端交互来实现强大功能的设备。可穿戴设备将会给人类的生活和感知带来很大的转变。例如,LG 推出的可穿戴机器骨骼,如图 11-1 所示。按照通信方式,可穿戴设备可分为直接通信、间接通信和端到端连接。

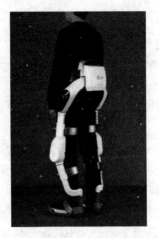

图 11-1　LG 推出的可穿戴机器骨骼

9．什么是传感器？

【答案】　传感器是一种检测装置，可以感受到被测量的信息，并能将感受到的信息，按一定规律变换成为电信号或其他形式的信息输出，以满足信息的传输、处理、存储、显示、记录和控制等要求。各种用途的传感器，如图 11-2 所示。

压力测量系列

温度测量系列

高精度石英压电陀螺
高精度，低功耗，高可靠性，宽的
温度范围，小体积，快速响应。

图 11-2　各种用途的传感器

10．一般传感器由两个基本元器件组成，它们是_____和_____。

【答案】　敏感元器件、转换元器件。

【解析】　传感器的基本组成如图 11-3 所示。

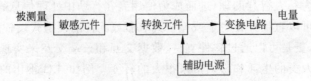

图 11-3　传感器的基本组成

11. 什么是传感器网络？

【答案】 传感器网络是由许多在空间上分布的自动装置组成的一种计算机网络，这些装置使用传感器协作地监控不同位置的物理或环境状况（比如温度、声音、振动、压力、运动或污染物）。无线传感器网络的发展最初起源于战场监测等军事应用。而如今的无线传感器网络被广泛应用于民用领域，如环境与生态监测、健康监护、家庭自动化以及交通控制等。

12. 什么是无线传感器网络？

【答案】 无线传感器网络（Wireless Sensor Networks，WSN）是一种分布式传感网络，它的末梢是可以感知和检查外部世界的传感器。WSN中的传感器以无线方式通信，因此网络设置灵活，设备位置可以随时更改，还可以与互联网进行有线或无线方式的连接。通过无线通信方式形成的一个多跳自组织网络。远程监测无线传感器网络系统结构框图，如图11-4所示。

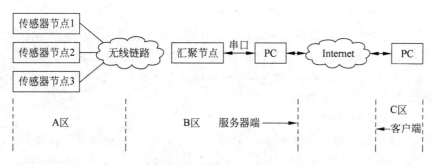

图11-4 远程监测无线传感器网络系统结构框图

13. 什么是现场总线？

【答案】 现场总线是20世纪80年代中期迅速发展起来的一种工业数据总线，是自动化领域中底层数据通信网络。它主要用于解决工业现场的智能化仪器仪表、控制器、执行机构等现场设备间的数字通信，以及这些现场控制设备和高级控制系统之间的信息传递问题。现场总线因其简单、可靠、经济实用等一系列突出的优点，受到了许多标准团体和计算机厂商的高度重视。现场总线是以数字通信替代了传统4～20mA模拟信号及普通开关量信号的传输方式，实现了连接智能现场设备和自动化系统的全数字、双向、多站的通信系统。

14. 现场总线控制系统由哪些部分组成？

【答案】 现场总线控制系统的组成包括以下6个部分。

（1）现场总线控制系统。其软件是系统的重要组成部分，控制系统的软件有组态软件、维护软件、仿真软件、设备软件和监控软件等。首先选择开发组态软件、控制操作人机接口软件MMI。通过组态软件，完成功能块之间的连接，选定功能块参数，进行网络组态。在网络运行过程中，它能够对系统进行实时数据采集、数据处理和计算，还可用于优化控制和逻辑控制报警、监视、显示、报表等。

（2）现场总线的测量系统。其特点是可用于多变量高性能的测量，使测量仪表具有计算能力等。它采用的是数字信号技术，因而具有高分辨率、准确性高、抗干扰和抗畸变能力强等优点，同时其具有可显示仪表设备的状态信息的功能，便于对处理过程进行调整。

（3）设备管理系统。它可以提供设备自身及过程的诊断信息、管理信息、设备运行状态信息（包括智能仪表）、厂商提供的设备制造信息。例如，由Fisher-Rosemoune公司推出的

AMS 管理系统,被安装在主计算机内,可以完成管理功能,从而构成一个现场设备的综合管理系统信息库。在此基础上,设备管理系统实现设备的可靠性分析和预测性维护。将被动的管理模式改为可预测性的管理维护模式。AMS 软件是以现场服务器为平台的 T 形结构,在现场服务器上支撑模块化、功能丰富的应用软件,为用户提供一个图形化的界面。

(4) 总线系统计算机服务模式。客户机/服务器模式是较为流行的网络计算机服务模式。服务器表示数据源,应用客户机表示数据使用者。客户机从数据源获取数据,并做进一步处理。

(5) 数据库。它能有组织地、动态地存储大量相关的数据和应用程序,可以实现数据的充分共享、交叉访问,具有高度独立性。工业设备在运行过程中其参数是连续变化的,并且数据量大,对操作与控制的实时性要求很高。因此,就形成了一个可以进行互访操作的分布关系和实时性的数据库系统。市面上成熟的关系数据库包括 Oracle,Sybas,Informix,SQL Server;实时数据库包括 Infoplus,PI,ONSPEC 等。

(6) 网络系统的硬件与软件。网络系统硬件有系统管理主机、服务器、网关、协议变换器、集线器,用户计算机及底层智能化仪表等。网络系统软件有网络操作软件,如 NetWarc,LAN Mangger,Vines;服务器操作软件如 Lunix,OS/2,Window NT。应用软件数据库、通信协议、网络管理协议等。

15. 什么是蓝牙技术?

【答案】 蓝牙是一种无线技术标准,可用于实现固定设备、移动设备和楼宇个人局域网之间的短距离数据交换(使用 2.4~2.485GHz 的 ISM 波段的 UHF 无线电波)。蓝牙技术最初是由爱立信公司于 1994 年创制的,是当时作为 RS-232 数据线的替代方案。蓝牙可以连接多个设备,它克服了数据同步的难题。

16. 什么是 Wi-Fi?

【答案】 Wi-Fi 源于 IEEE 802.11 标准的无线局域网技术。由于两套系统的关系密切,常有人把 Wi-Fi 当作 IEEE 802.11 标准的同义术语。Wi-Fi 最大的优点就是传输速度较高,可以达到 11Mb/s,另外它的传输有效距离较长,同时还可以与已有的各种 IEEE 802.11 DSSS 设备兼容。

17. 物联网中经常提到的 M2M 是什么意思?

【答案】 M2M 是指将数据从一台终端传送到另一台终端的连接与通信,即机器与机器之间的对话,比如门禁打卡,超市的条形码扫以及 NFC 手机支付等。M2M 通过移动通信对设备进行有效的控制,从而将商务的边界大幅度扩展或创造出更高效率的经营方式(与传统方式相比),或创造出完全不同于传统方式的全新服务。M2M 以设备通信控制为核心,将原来低效率或甚至不可能的信息传输应用于商业中,以获得更强的竞争力。M2M 的商务模式目前主要应用于移动物流管理(M-logisTIcmanagement)、移动支付(M-POS)、移动监控(M-monitoring)等。

18. 什么是 ZigBee?

【答案】 ZigBee 与蓝牙技术类似,是一种短距离无线通信技术,用于传感控制方面。它是由 IEEE 802.15 工作组中提出的,并由 TG4 工作组制定规范。ZigBee 的底层技术基于 IEEE 802.15.4,其物理层和媒体访问控制层都使用了 IEEE 802.15.4 的定义。

在大量应用过程中人们发现蓝牙技术存在许多缺陷,因此 ZigBee 应运而生。对工业、家庭自动化控制和工业遥测遥控领域而言,蓝牙技术太复杂,功耗大,可使用的距离近,组网规模太小等。而工业自动化领域对无线数据通信的需求也越来越强烈。对于工业现场,这种无线传输必须是高度可靠的,并且能抵抗工业现场的各种电磁干扰。经过长期努力,ZigBee 在 2003 年正式问世,它还使用了之前所研究过的面向家庭网络的通信协议 Home RF Lite。

简单地说,ZigBee 是一种高度可靠的无线数传网络,类似于 CDMA 和 GSM 网络。ZigBee 的数传模块类似于移动网络基站。通信距离从标准的 75 米到几百米甚至几千米,并且能够支持无限扩展。ZigBee 是一个可由 65 000 个无线数传模块组成的无线数传网络平台,在整个网络范围内,每一个 ZigBee 网络数传模块之间可以相互通信,每个网络节点间的距离可以从标准的 75 米无限扩展至更远的距离。

ZigBee 技术采用的是自组织网,即多个 ZigBee 网络模块终端。在其通信范围内,可以通过自动寻找彼此,很快地形成一个互连互通的 ZigBee 网络。由于人员的移动,彼此间的联络还会发生变化,模块还可以通过重新寻找通信对象的方法,再次确定彼此间的联络,实现对原有网络的刷新。

11.3 自测试题

一、选择题

1. ( )是物联网个人用户的智能控制类应用。
   A. 精细农业　　　B. 智能交通　　　C. 医疗保险　　　D. 智能家居
2. RFID 系统阅读器的低频工作频率范围是( )。
   A. 0~300kHz
   B. 300~960MHz
   C. 3~30MHz
   D. 2.45~1000GHz
3. RFID 系统阅读器的超高频工作频率范围是( )。
   A. 0~300kHz
   B. 300~960MHz
   C. 3~30MHz
   D. 2.45~1000GHz
4. 智能家居的核心特征是( )。
   A. 高享受、高智能
   B. 高效率、低成本
   C. 安全、舒适
   D. 智能、低成本
5. 在智能农业的应用中,( )是基于物联网的智能控制管理系统,主要功能包括水质监测、环境监测、视频监测、远程控制、短信通知等。
   A. 智能温室
   B. 节水灌溉
   C. 智能化培育控制
   D. 水产养殖环境监控
6. 物联网养老院的核心组件是( ),入住的老人需要随身佩戴。其中存储了 ID 号和老人信息,ID 号是老人的电子身份号。
   A. 条码　　　B. 腕带　　　C. 身份识别卡　　　D. EPC
7. 下列不属于传感器节点内数据处理技术的是( )。
   A. 传感器节点数据预处理
   B. 传感器节点定位技术

C. 传感器节点信息持久化存储技术   D. 传感器节点信息传输技术

8. 下列不属于典型的物联网节点的是(　　)。
   A. 计算机   B. 汇聚和转发节点
   C. 远程控制单元   D. 传感器

9. 物联网在物流领域的应用,催生出了许多智能物流方面的应用,下列不属于其在智能物流方面的应用的是(　　)。
   A. 智能海关   B. 智能邮政   C. 智能配送   D. 智能交通

二、填空题

1. 物联网的 8 层架构是_____。
2. 物联网终端是物联网中连接传感网络层和传输网络层,用于实现_____的设备。
3. 物联网终端的功能有_____、_____、_____、_____等。
4. 物联网终端属于传感网络层和传输网络层的中间设备,是物联网的关键设备。通过转换和采集,将各种外部感知数据汇集和处理,并将数据通过各种_____传输到互联网中。
5. 可穿戴设备的 3 类基本属性是_____、_____、_____。
6. 应答器具体可分为:_____、_____和_____应答器。
7. RFID 系统主要由_____、_____和_____组成。
8. RFID 系统阅读器的工作频率分为:_____、_____、_____、_____。
9. RFID 系统的有效识别距离和读写器的射频发射功率呈_____。
10. 在广播、超宽带技术、蓝牙、Wi-Fi 通信技术中,_____、_____、_____属于低功率短距离的无线通信技术。

11.4 自测试题答案与分析

一、选择题

1. D   2. A   3. B   4. B   5. D
6. B   7. D   8. A   9. D

二、填空题

1. 传感器/执行器层、传感网层、传感网关层、广域网络层、应用网关层、服务平台层、应用层、分析与优化层
2. 采集数据及向网络层发送数据

【解析】 物联网终端是物联网中连接传感网络层和传输网络层,用于实现采集数据及向网络层发送数据的设备。物联网终端具有数据采集、初步处理、加密、传输等多种功能。

3. 数据采集、初步处理、加密、传输
4. 网络接口方式
5. 可穿戴的形态、独立的计算能力、专用的程序或功能

【解析】 可穿戴设备是指一种可以直接穿在身上或整合到衣服或配件的便携式设备。其基本属性是可穿戴的形态,独立的计算能力,专用的程序或功能。

6. 无源、半无源、有源

7. 应答器、阅读器、高层

【解析】 射频识别(Radio Frequency Identification,RFID)是一种非接触式的自动识别技术,它通过射频信号自动识别目标对象,可快速地进行物品追踪和数据交换。RFID系统一般由应答器、阅读器、高层组成。依据RFID系统的工作原理,RFID系统一般由信号发射机、信号接收机、发射接收天线组成。

8. 低频、中频、高频、超高频、微波

9. 正比

10. 超宽带技术、蓝牙、Wi-Fi

第12章 信息安全技术

12.1 学习目标

信息安全的实质就是要保护信息系统或信息网络中的信息资源免受各种威胁、干扰和破坏,即保证信息的安全性。根据国际标准化组织的定义,信息安全性主要是指信息的完整性、可用性、保密性和可靠性。信息安全是任何国家、政府、部门、行业都必须重视的问题。信息安全主要包括5个方面的内容,即需保证信息的保密性、真实性、完整性、未授权复制和所寄生系统的安全性。信息安全技术的基本内容涉及入侵检测技术、防病毒技术、VPN技术、防火墙、审计系统、漏洞扫描技术、加密技术、身份鉴定和认证技术。

本章学习目标:
- 了解信息安全技术研究的内容;
- 理解信息安全技术的主要和基本概念;
- 了解软件盗版现状;
- 了解数据窃取和网络攻击等问题;
- 了解个人信息安全问题。

12.2 典型例题解析

1. 有关预防和清除计算机病毒,正确的说法是(　　)。
   A. 专门的杀毒软件不总是有效的
   B. 删除所有带毒的文件就能清除所有病毒
   C. 若U盘感染病毒,则删除其中的全部文件是杀病毒有效的方法之一
   D. 要使计算机始终不感染病毒,最好的方法是装上防病毒卡

【答案】 A。

【解析】 计算机病毒的制造者和防治者间存在此消彼长的关系。随着新病毒不断地被造出来,可能还没有杀毒软件可以清除这个新病毒,所以杀毒软件不总是有效的。

2. 下列关于防火墙的描述,不正确的是(　　)。
   A. 防火墙能强化安全策略
   B. 防火墙能有效防范计算机中已存在的病毒

C. 防火墙能有效记录网上的活动

D. 防火墙不能防范 IP 地址的欺骗

【答案】 B。

【解析】 防火墙由 Check Point 的创立者 Gil Shwed 于 1993 年发明而来，并引入国际互联网。防火墙是内部网和外部网之间的屏障，它按照系统管理员预先定义好的规则来控制数据包的进出。防火墙是系统的第一道防线，其作用是防止非法用户的进入。防火墙分为网络层、应用层和数据库防火墙等。防火墙主要由服务访问规则、验证工具、包过滤和应用网关 4 个部分组成，是一个位于计算机和它所连接的网络之间的软件或硬件。该计算机流入流出的所有网络通信和数据包均要经过此防火墙。

3. 每次启动计算机时就会自动运行的计算机病毒叫做（　　）。

  A. 恶性病毒　 B. 良性病毒

  C. 引导型病毒　 D. 定时发作型病毒

【答案】 C。

【解析】 引导型病毒是指寄生在磁盘引导区或主引导区的计算机病毒。此种病毒利用系统引导时存在不对主引导区的内容正确与否进行判别的缺点。在引导系统的过程中病毒侵入系统，驻留内存，监视系统运行，待机传染和破坏。按照引导型病毒在硬盘上的寄生位置又可细分为主引导记录病毒和分区引导记录病毒。主引导记录病毒感染硬盘的主引导区，如大麻病毒、2708 病毒、火炬病毒等；分区引导记录病毒感染硬盘的活动分区引导记录，如小球病毒、Girl 病毒等。

4. 关于信息安全的描述，不正确的是（　　）。

  A. 黑客是指利用网络手段潜入并窃取他人非公开信息的人

  B. 利用操作系统的漏洞是黑客进行攻击的手段之一

  C. 入侵检测系统有基于主机的入侵检测系统和基于网络的入侵检测系统

  D. 防火墙能防止所有的非法入侵

【答案】 D。

5. 下列做法中，不会影响个人信息安全的上网行为是（　　）。

  A. 浏览有病毒的网站

  B. 随意单击不明网站中的链接

  C. 在各种网站上输入自己的银行账号、密码等信息

  D. 从熟悉的政府网站下载新闻

【答案】 D。

6. 入侵防御系统又称为（　　），是一种有过滤攻击功能的特种交换机。

  A. IPS　 B. IDS　 C. SYN　 D. DDoS

【答案】 A。

【解析】 入侵防御系统（IPS）是一种能够监视网络或网络设备的网络资料传输行为的计算机网络安全设备，能够即时地中断、调整和隔离一些不正常或是具有伤害性的网络资料传输行为。

12.3 自测试题

一、选择题

1. ISO/IEC 27001 的前身是（　　）的 BS7799 标准。
   A. 英国　　　　　B. 美国　　　　　C. 中国　　　　　D. 德国
2. 应用安全中最重要的部分是（　　）。
   A. E-mail 安全
   B. Web 访问安全
   C. 内容过滤
   D. 应用系统安全(安全设计、安全编码、渗透测试等)
3. 向有限的存储空间输入超长的字符串属于（　　）攻击。
   A. 缓冲区溢出　　　　　　　　　B. 运行恶意软件
   C. 浏览恶意代码网页　　　　　　D. 打开病毒附件
4. （　　）协议主要是用于加密机制。
   A. HTTP　　　　B. FTP　　　　C. Telnet　　　　D. SSL
5. （　　）可以根据报文头部包含的信息决定转发或阻止该报文。
   A. 代理防火墙　　　　　　　　　B. 报文摘要
   C. 私钥　　　　　　　　　　　　D. 包过滤防火墙
6. 在 VPN 中,对（　　）进行加密。
   A. 内网数据报　　　　　　　　　B. 外网数据报
   C. 内网和外网数据报　　　　　　D. 都不是
7. 由 IP 互联网层提供安全的一组协议是（　　）。
   A. TLS　　　　B. SSH　　　　C. PGP　　　　D. IPSec
8. 下列属于人为的恶意的主动攻击行为的是（　　）。
   A. 数据篡改　　B. 数据窃听　　C. 数据分析　　D. 非法访问
9. 下列属于非对称加密算法的是（　　）。
   A. DES　　　　B. RSA　　　　C. IDEA　　　　D. 三重 DES
10. 利用 IP 地址进行攻击的方法是（　　）。
    A. IP 欺骗　　B. 解密　　　　C. 窃取口令　　D. 发送病毒
11. 下列不属计算机病毒防治策略的是（　　）。
    A. 防毒能力　　B. 查毒能力　　C. 解毒能力　　D. 禁毒能力
12. 加密技术不能实现（　　）。
    A. 数据信息的完整性　　　　　　B. 基于密码技术的身份认证
    C. 机密文件加密　　　　　　　　D. 基于 IP 头信息的包过滤
13. 安全认证中心可以（　　）。
    A. 用于在电子商务交易中实现身份认证
    B. 完成数据加密,保护内部关键信息

C. 支持在线销售和在线谈判,实现订单认证
D. 提供用户接入线路,保证线路安全

14. 在 X.509 标准中,数字证书一般不包括(　　)。
   A. 版本号　　　　B. 序列号　　　　C. 有效期　　　　D. 密钥

15. (　　)是最安全的信息系统。
   A. FRP-CRM　　　B. MRPII　　　　C. MIS-S　　　　D. S-MIS

16. 下列关于计算机病毒的叙述中,正确的说法是(　　)。
   A. 计算机病毒只会破坏系统软件　　　　B. 宏病毒会影响对文档的操作
   C. 计算机病毒不会通过光盘传播　　　　D. 计算机病毒不能够实现自身复制

17. 下列关于计算机病毒的叙述中,正确的说法是(　　)。
   A. 计算机病毒只感染.exe 或.com 文件
   B. 计算机病毒可以通过读写磁盘、光盘或 Internet 进行传播
   C. 计算机病毒是通过电力网进行传播的
   D. 计算机病毒是由软盘片表面不清洁造成的

18. 下列关于计算机病毒的叙述中,正确的说法是(　　)。
   A. 计算机病毒具有免疫性
   B. 计算机病毒是一种有逻辑错误的小程序
   C. 抵抗病毒要不断升级,提高查、杀病毒的功能
   D. 感染过病毒的机器对该病毒具有免疫性

19. 下列关于计算机病毒的叙述中,正确的说法是(　　)。
   A. 所有计算机病毒只在可执行文件中传染
   B. 计算机病毒可通过读写移动硬盘或 Internet 进行传播
   C. 只要把带毒 U 盘设置成只读状态,此盘上的病毒就不会因读盘而传染另一台计算机
   D. 清除病毒的最简单的方法是删除已感染病毒的文件

20. 下列关于防火墙的叙述,不正确的说法是防火墙(　　)。
   A. 可以防止未授权的连接,有效地保护个人信息
   B. 可以用来防止恶意程序的攻击
   C. 可以防止不希望的、未经授权的通信进出被保护的内部网络
   D. 自身是不可被侵入的

21. 下列关于计算机病毒的叙述中,正确的说法是(　　)。
   A. 反病毒软件总是先于病毒的出现,负责查杀任何病毒
   B. 计算机病毒会危害计算机用户的健康
   C. 反病毒软件通常在计算机新病毒的出现后,才被研发出来
   D. 感染过计算机病毒的计算机对病毒免疫

22. 下列选项中,并不构成计算机犯罪的是(　　)。
   A. 在论坛中造谣侮辱他人
   B. 篡改学校网站的数据库
   C. 网上盗取他人银行账号与密码

D. 在课程练习中使用了来历不明的软件

23. 下面描述正确的是( )。
   A. 只要不执行 U 盘中的程序,就不会使系统感染病毒
   B. 硬盘比 U 盘更容易感染病毒
   C. 设置写保护后使用 U 盘就不会使 U 盘内的文件感染病毒
   D. 只要不使用 U 盘,系统就不会感染病毒

24. 下列关于加强计算机系统安全的做法,无作用的是( )。
   A. 定期整理计算机硬盘碎片   B. 使用防火墙
   C. 安装杀毒软件,及时更新病毒库   D. 及时给操作系统打补丁

25. 下列不属于网络安全控制技术的是( )。
   A. 入侵检测技术   B. 访问控制技术
   C. 防火墙技术   D. 差错控制技术

26. ( )不能有效提高系统对病毒的防治能力。
   A. 定期备份数据文件   B. 下载并安装系统补丁
   C. 安装、升级杀毒软件   D. 不要轻易打开来历不明的邮件

27. 文件外壳型病毒( )。
   A. 寄生于磁盘介质的引导区,借助系统的引导过程进入系统
   B. 寄生于程序文件,当执行程序文件时,病毒程序将被执行
   C. 利用 Word 提供的宏功能将病毒程序插入带有宏的 doc 文件或 dot 文件中
   D. 通过装入相关文件进入系统,不改变该文件,只改变该文件的目录项

28. 利用设计的算法编写程序,写出了相应的技术文档。在申请软件著作权保护时,根据计算机软件保护条例,不受保护的是( )。
   A. 源程序   B. 目标程序   C. 算法   D. 技术文档

29. 计算机病毒一般隐藏在( )中。
   A. 只读存储器   B. 可执行文件   C. 控制器   D. 运算器

30. 计算机病毒是一种( )的计算机程序。
   A. 有错误   B. 被黑客破坏
   C. 以危害系统为目的的特殊   D. 设计有不周全

31. 利用宏语言编制的宏病毒寄生于( )的宏中。
   A. 隐藏文件   B. 应用程序   C. 文档或模板   D. 文件夹

二、填空题

1. 防火墙是人们用来_____的主要保护措施。
2. 代理服务器能起到_____的中间转接作用,其功能类似于一个数据转发器,主要控制哪些用户能访问哪些服务类型。
3. 网络攻击的步骤包括_____、_____、_____和_____。
4. 网络攻击的常见方式_____、特洛伊木马、WWW 欺骗、电子邮件攻击、节点攻击、_____、黑客软件攻击、安全漏洞攻击、端口扫描。
5. 网络攻击分为_____和_____类。

6. 计算机病毒是编制者在计算机程序中插入的_____的代码,是能影响计算机使用,也能自我复制的一组计算机指令或者程序代码。

7. 介质级加密是指对存储设备_____,但它提供的保护作用非常有限。

8. 软件安全就是使软件在受到恶意攻击的情形下依然能够继续正确运行及_____。

9. 数据加密技术主要分为_____和_____。

10. 一套完整的防火墙系统通常由_____和_____组成。

11. 信息安全特性中的_____是指信息在使用、传输、存储等过程中不被篡改、丢失、缺损等。

12. 某人购买了一款正版软件,他就获得了这个软件的_____。

12.4 自测试题答案与分析

一、选择题

1. A	2. D	3. A	4. D	5. D
6. A	7. D	8. A	9. B	10. A
11. D	12. D	13. A	14. D	15. D
16. B	17. B	18. C	19. B	20. C
21. C	22. D	23. C	24. A	25. D
26. D	27. B	28. C	29. B	30. C
31. C				

二、填空题

1. 防范网络入侵者(非法用户)

【解析】 防火墙是由 Gil Shwed 于 1993 年发明并引入国际互联网。防火墙是位于内部网和外部网之间的屏障,它能够按照系统管理员预先定义好的规则来控制数据包的进出。防火墙是系统的第一道防线,其作用是防止非法用户的进入。

2. 外部网络申请访问内部网络

【解析】 代理服务器具有重要的服务器安全功能,它主要工作在开放系统互联(OSI)模型的会话层,起到防火墙的作用。代理服务器大多用于连接国际互联网和局域网。代理服务器的功能是代理网络用户去取得网络信息。

3. 隐藏已方位置、寻找并分析帐号和密码、获得控制权、资源和特权

4. 口令入侵、网络监听

5. 主动攻击、被动攻击

【解析】 网络攻击即利用网络存在的漏洞和安全缺陷对网络系统的硬件、软件及其系统中的数据进行的攻击,包括主动攻击和被动攻击。主动攻击会致使某些数据流的篡改和虚假数据流的产生,这类攻击可分为篡改、伪造消息数据和终端(拒绝服务)。在被动攻击中,攻击者不对数据信息进行任何修改,截取或窃听是指在未经用户同意和认可的情况下攻击者获得了信息或相关数据。通常包括窃听、流量分析、破解弱加密的数据流等攻击方式。

6. 破坏计算机功能或者数据
7. 包括硬盘和磁带上的静态数据进行加密
8. 确保软件在授权范围内被合法使用
9. 数据传输加密、数据存储加密

【解析】 数据加密技术是指将一个信息(明文)经过加密钥匙和加密函数转换,变成无意义的密文,而接收方则将此密文经过解密函数、解密钥匙还原成明文。加密技术是网络安全技术的基石。

10. 屏蔽路由器、代理服务器
11. 完整性
12. 使用权

第二部分 实验篇

- 第13章 字处理软件
- 第14章 电子表格
- 第15章 演示文稿制作软件
- 第16章 数据库管理系统

第13章 字处理软件

13.1 实验1 Word文档基本操作和排版

1. 实验目的

(1) 了解Word 2010各功能区的功能和使用；
(2) 掌握文档的建立、打开和保存操作；
(3) 掌握文档的基本编辑方法；
(4) 掌握文本、段落的格式化；
(5) 掌握项目符号、编号、分栏等操作。

2. 实验内容

(1) 打开素材中的Word实验1.docx文件。
(2) 标题样式设置。
① 文档中文标题设为一级标题黑体二号、居中；
② 节标题设为黑体四号，小节标题设为黑体五号；
③ 英文标题用黑正体三号。
(3) 正文样式设置
① 作者姓名设为楷体四号，英文作者姓名设为斜体四号；
② "摘要"两字设为黑体五号，中间空一字，摘要其他内容设为楷体五号；
③ "关键词"三个字设为黑体五号，其他内容设为楷体五号，中间用分号隔开，关键词后面不加句号；
④ "中图分类号"和"文献标志码"设为黑体五号；
⑤ 全文英文用Times New Roman五号；
⑥ 单词"Abstract"和"Keywords"加粗；
⑦ 全文中文正文设为宋体五号；
⑧ 图注、表的标题设为黑体小五号；
⑨ "参考文献"设为黑体五号，其他内容设为宋体小五；
⑩ "作者简介"设为黑体五号，其他内容设为宋体五号。

(4) 分栏设置。

对论文的正文部分进行分栏,分成二栏,中间不加栏线,如图 13-1 所示。

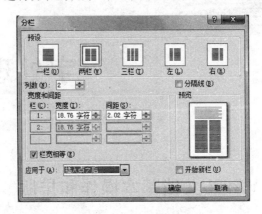

图 13-1 "分栏"对话框

(5) 页眉和页脚设置。

在论文中加入页眉和页脚,选择"插入"→"页眉和页脚"→"页眉"命令,在下拉列表中选择"编辑页眉"命令,如图 13-2 所示。打开"页眉和页脚工具|设计"选项卡,如图 13-3 所示。

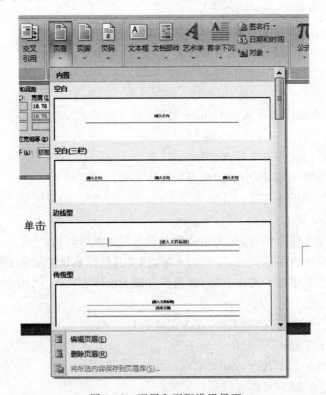

图 13-2 页眉和页脚设置界面

(6) 保存文档

将排版好的内容以文件名"Word 实验 1-姓名-学号.docx"保存。编辑好的文件效果如图 13-4 所示。

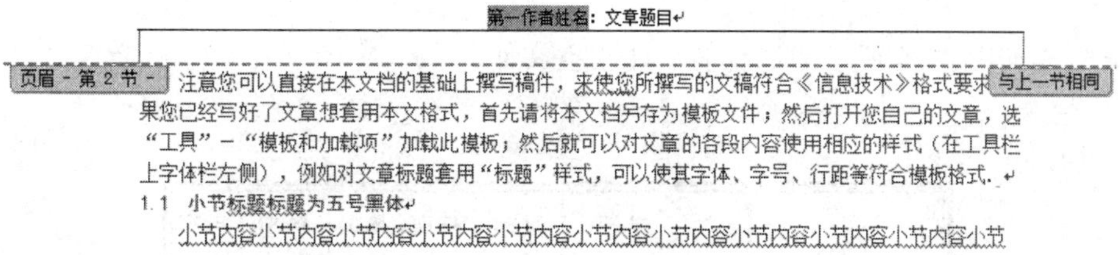

图 13-3 编辑页眉和页脚

3. 样张

实验样张,如图 13-4 所示。

图 13-4 文件样张

13.2 实验 2 Word 文档中的表格操作

1. 实验目的

(1) 掌握表格的建立及内容操作;
(2) 掌握表格的编辑和格式化。

2. 实验内容

1. 建立如图 13-5 所示的课程表。建立空文件。

计科专业课程表

		星期 时间	星期一	星期二	星期三	星期四	星期五
课程表	上午	1、2节 8:00-9:35	高等数学	大学英语	PS	英语视听说	高等数学
		3、4、5节 9:50-12:15	C语言		PS设计	思想品德	
	下午	6、7节 14:00-15:35	C语言上机	体育	电子技术		数据结构
		8、9、10节 15:50-18:15	计算机网络		动画概论		

图 13-5　课程表

(2) 建立该表格,可以使用插入表格组的方法,用以下方式进行表格绘制。

① 根据表格的需要拖曳出所需要的行数、列数,如图 13-6 所示。

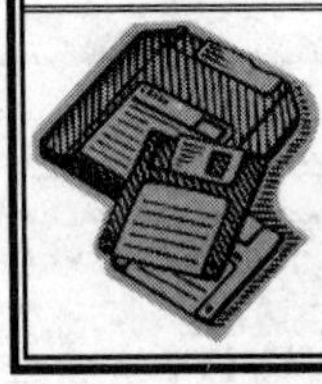

② 选择“插入表格”命令,在打开的对话框中输入表格的行数和列数,如图 13-7 所示。

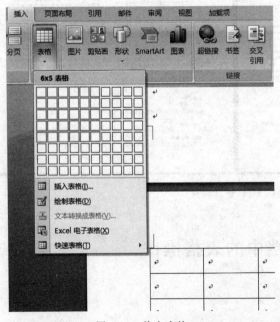

图 13-6　拖曳表格

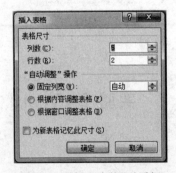

图 13-7　“插入表格”对话框

③ 选择“绘制表格”命令,直接画出表格。进入绘制表格状态,选择“表格工具”→“设计”命令,如图 13-8 所示。用鼠标直接画出表格线。

图 13-8 "设计"选项卡

(3) 编辑表格。

① 先建立一个 6 行 7 列的表格,然后选择"表格工具"→"设计""绘图边框组"命令,调整表格。用如图 13-9 所示的快捷菜单中的"合并单元格"命令,完成表格的编辑调整工作。

② 要在表格的表头栏中画斜线,可以用绘制表格命令,用鼠标直接画。星期、时间可以直接输入到单元格中。

③ 表格中的图,是通过在表格中插入图片来实现的。通过在 Word 中选择"插入"→"插图"→"图片"命令,选择插入该图片的文件,就可以插入了。

④ 格式化表格。可以对表格的边框和底纹进行格式化,利用如图 13-9 所示的快捷菜单中的"边框和底纹"命令,打开如图 13-10 所示的对话框,设置表格的样式。

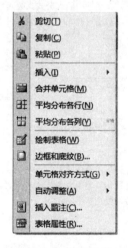

图 13-9 快捷菜单　　　　图 13-10 "边框和底纹"对话框

(4) 输入表格内容,对齐。在如图 13-9 所示快捷菜单,选择单元格"对齐方式"子菜单相应的对齐方式即可完成。

(5) 所有编辑工作完成,用文件名"Word 实验 2-姓名-学号.docx"保存文件。

13.3　实验 3　Word 文档中的图文混排

1. 实验目的

(1) 掌握插入图片、图片编辑、格式化等操作;
(2) 掌握绘制简单的图形操作;

(3) 掌握数学公式的编辑方法；

(4) 掌握图文混排的基本方法。

2．实验内容

(1) 建立如图 13-11 所示的文档。先建立空文件，输入正文内容。

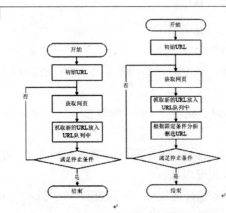

图1 通用爬虫和限定爬虫的工作流程[题注] 宋体小五号

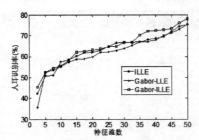

图2 不同算法的多姿态人耳识别率变化曲线

(3) 表　格

表格采用"网格型"，内部线条使用 1/2 磅的实线，外边框使用 1 磅的实线。表中的文字使用"表文字"样式。请不要以图片的方式在文档中插入表格。

计算机论文

定义1　有三条边、三个顶点的多边形叫作三角形。

定理1　三角形的内角和等于180度。

引理1　三角形的外角等于不相邻的两内角的和。

引理2　三角形的外角大 于任何一个和它不相邻的内角。

算法1　服务器调度算法。

文中算法代码为宋体小五号。

1.16 公　式

公式使用"公式"样式。公式的编号从 1 开始排序，不要按章节排（即全文大排序）。如式(1)和式(2)所示。公式使用 MathType 或 Microsoft 公式 3.0 来编辑，请不要以图片的方式在文档中插入公式。公式中的变量用单个字母表示，描述性质或可变部分等可用下标表示。

$$\frac{1}{2} < \int_0^1 \frac{dx}{\sqrt{4-x^2+x^3}} < \frac{\pi}{6} \quad (1)$$

$$\lim_{x \to 0} \frac{\cos x - e^{\frac{x^2}{2}}}{x^2[2x - \ln(1-2x)]} \quad (2)$$

1.17 标点符号

1) 圆括号都用半角，不用全角。

2) 在正文中，中文语句后使用全角符号，英文语句后使用半角英文符号加英文空格。

图 13-11　图文混排

(2) 插入艺术字。单击"插入"菜单的"艺术字"按钮，选择下拉菜单中的艺术字，输入艺术字的内容。按照样张的大小和位置放置。

(3) 插入图片。在正文第一段前插入"图片 1.jpg"，按照样张布置图片。

(4) 首字下沉。按照样张将首字下沉两行，字体设为黑体、加粗。

(5) 插入数学公式。用"插入"菜单的"符号"功能组，单击"公式"命令下拉列表，选择"插入新公式"命令，打开格式设计界面，选择"公式工具"→"设计"→"符号组和结构组"命令，选择相应的元素建立公式。

(6) 绘制图形。在正文中的插入点，选择"插入"→"插图"→"形状"命令，绘制样张中的流程图。

(7) 所有编辑工作完成，用文件名"Word 实验 3-姓名-学号.docx"保存文件。

3. 样张

实验样张，如图 13-12 所示。

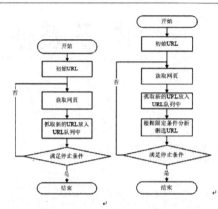

图 1 通用爬虫和限定爬虫的工作流程[题注] 宋体小五号

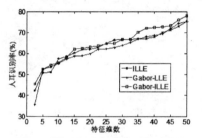

图 2 不同算法的多姿态人耳识别率变化曲线

(3) 表 格

表格采用"网格型"，内部线条使用 1/2 磅的实线，外边框使用 1 磅的实线。表中的文字使用"表文字"样式。请不要以图片的方式在文档中插入表格。

计算机论文

定义 1 有三条边、三个顶点的多边形叫作三角形。

定理 1 三角形的内角和等于 180 度。

引理 1 三角形的外角等于不相邻的两内角的和。

引理 2 三角形的外角大于任何一个和它不相邻的内角。

算法 1 服务器调度算法。

文中算法代码为宋体小五号

1.16 公　式

公式使用"公式"样式。公式的编号从 1 开始排序，不要按章节排（即全文大排序）。如式(1)和式(2)所示。公式使用 MathType 或 Microsoft 公式 3.0 来编辑，请不要以图片的方式在文档中插入公式。公式中的变量用单个字母表示，描述性质或可变部分等可用下标表示。

$$\frac{1}{2} < \int_0^1 \frac{dx}{\sqrt{4-x^2+x^3}} < \frac{\pi}{6} \qquad (1)$$

$$\lim_{x \to 0} \frac{\cos x - e^{-\frac{x^2}{2}}}{x^2[2x-\ln(1-2x)]} \qquad (2)$$

1.17 标点符号

1) 圆括号都用半角，不用全角。

2) 在正文中，中文语句后使用全角符号，英文语句后使用半角英文符号加英文空格。

图 13-12　图文混排样张

第14章 电子表格

14.1 实验1 Excel 公式和函数的应用

1. 实验目的

（1）掌握工作表中数据的输入、编辑方法；

（2）掌握公式和函数的使用方法；

（3）掌握工作表格式化。

2. 实验内容

（1）建立工作表。启动 Excel，在工作表中输入表中数据，如图 14-1 所示。

图 14-1 成绩表

（2）应用公式、函数进行计算。

① 按照表格要求，用公式，可以先计算总分。选择李成的总分单元格 F3，在编辑栏输入计算公式＝C3＋D3＋E3，按 Enter 键后就计算出李成的总分。然后用自动填充的方法，垂直拖拉到最后一个学生，就计算出来所有学生的总分。

计算总分也可以用系统已定义好的函数来完成。该例中选定 F3，在其中输入等号后，显示单元格名称的名称框中就会显示常用函数的英文名称。

② 按照表格要求，用函数再计算语文平均分和全年级语文平均分。求全年级语文平均

分，可以选择 AVERAGE 函数。选择 AVERAGE 后会弹出一个对话框，按要求填写函数的参数，即选择求哪些单元格的平均值，也可以直接输入函数＝AVERAGE(E3：E9)计算。Excel 系统有一定的智能，它会根据公式左边的数据给出范围。如果范围不对，可对该范围进行修改，检查正确后，单击“确定”按钮即可求出平均值。

求 1 班语文平均分，可以选择 AVERAGEIF 函数，操作方法与上述方法类似。当然也可以直接输入函数＝AVERAGEIF(A3：A9，'＝1'，C3：C9)计算。

(3) 工作表的编辑与格式化。

① 在表格上方插入标题并格式化，包括表格标题、列标题、边框线、字体、字号、对齐方式等。

将第一行单元格合并，插入标题“考试成绩表”，设置为楷体、18 磅、红色、加粗、居中，表格内容设置为宋体、12 磅、黑色、对齐方式设为居中，如图 14-2 所示。

② 将表格的边框设置为可视的边框。将外框设置为双线，内单元格线用单线，如图 14-2 所示。

(4) 工作表的编辑工作完成，用文件名“Excel 实验 1-姓名-学号. docx”保存文件。

3. 样张

实验样张，如图 14-2 所示。

F3　　fx　=C3+D3+E3

	A	B	C	D	E	F
1	考试成绩表					
2	班级	姓名	语文	数学	化学	总分
3	2	李成	45	75	23	143
4	1	乔进	96	84	45	225
5	3	马瑞	58	69	78	205
6	3	安迪	74	87	65	226
7	1	郭凡	93	47	47	187
8	2	周云	85	95	85	265
9	1	庞国	75	96	87	258
10						
11	1班语文平均分			88		
12	全年级语文平均分			75.14		

图 14-2　成绩表样张

14.2　实验 2　Excel 的数据图表

1. 实验目的

(1) 掌握工作表的图表的建立方法；

(2) 掌握图表的各种编辑方法；

(3) 掌握图表的格式化。

2. 实验内容

(1) 在 Excel 中，建立文件 Excel 实验 2-姓名-学号. xlsx，并按照图 14-3 要求输入数据。

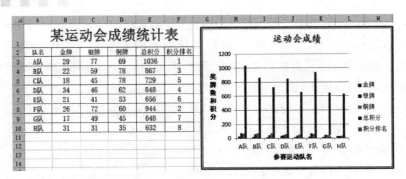

图 14-3　数据图表实验要求

要求：①设置可视边框，将表中字体设为宋体，12.5 磅，黑色，居中；②插入艺术字；③计算总积分（金牌 10 分，银牌 7 分，铜牌 3 分）；④计算积分排名（可用函数），将计算结果填入相应的单元格中；⑤画出柱状图。

（2）选取表格中的数据，用工作表的 Sheet1 创建嵌入的柱状图图表。

① 选取要绘制图的数据，然后在"插入图表"对话框启动器中，单击某一图表类型，然后从下拉列表中选择要使用的图表子类型。如果选择下拉列表最下边的"所有图表类型"或单击"图表"右侧的"创建图表"下拉按钮，则可以打开"插入图表"对话框，如图 14-4 所示，从中选择合适的图表类型后即可到向前工作表中插入图表。本实验选择柱形图下的簇状柱形图，插入后的效果如图 14-5 所示。

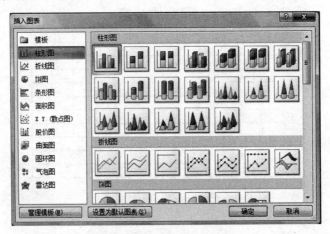

图 14-4　"插入图表"对话框

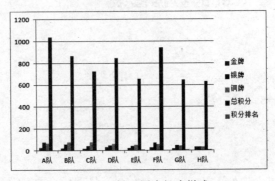

图 14-5　插入图表初步样式

② 对图表和坐标轴加上标题。选择"图表工具"→"布局"命令，选择相应的标题命令，如图 14-6 所示。给图表加上图表标题、坐标轴标题的效果，如图 14-7 所示。

图 14-6　"图表工具"窗口

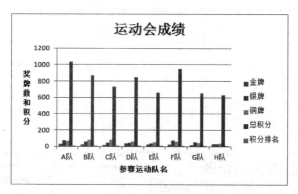

图 14-7　加上图表标题

③ 可以对图表进行必要的格式化。如图表标题字设置为楷体、16 号；坐标标题字设置为黑体、11 号；图表边框线设置为 4 磅粗、双线等。可以通过快捷菜单中选择所需的命令来完成，如更改边框通过"设置图表区格式"对话框，如图 14-8 所示。最后完成的效果如图 14-9 所示。

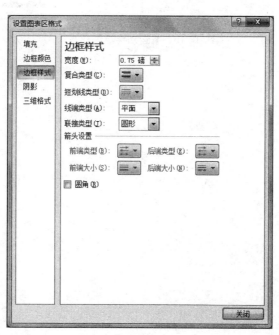

图 14-8　"设置图表区格式"对话框

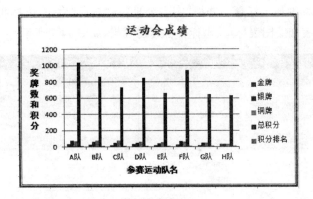

图 14-9　图表完成效果

工作表的编辑工作完成,用文件名 Excel 实验 2-姓名-学号.docx 保存文件。

3. 样张

实验样张,如图 14-10 所示。

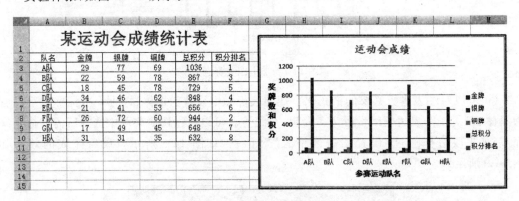

图 14-10　某运动会成绩样张

第 15 章 演示文稿制作软件

15.1 实验 1 建立 PowerPoint 2010 演示文稿

1. 实验目的

(1) 掌握建立演示文稿的基本方法；
(2) 掌握演示文稿的基本编辑方法；
(3) 掌握演示文稿的格式化。

2. 实验内容

(1) 建立演示文稿。

建立演示文稿的要求，如图 15-1 所示。建立文稿可以利用"空白演示文稿"进行。每张幻灯片都采用标题和内容版式。

> 利用系统提供的资料，按照题目要求用 PowerPoint 创意制作演示文稿，用 PowerPoint 的保存功能直接存盘。
>
> 资料一：
>
> 　　醉里挑灯看剑，梦回吹角连营
>
> 资料二：
>
> 　　破阵子·为陈同甫赋壮词以寄之
> 　　【作者】辛弃疾　【朝代】宋
> 　　醉里挑灯看剑，梦回吹角连营。八百里分麾下炙，五十弦翻塞外声。沙场秋点兵。
> 　　马作的卢飞快，弓如霹雳弦惊。了却君王天下事，赢得生前身后名。可怜白发生！
>
> 要求：
>
> (1) 演示文稿第一页：用资料一内容，字体、字号和颜色自行选择。
> (2) 演示文稿第二页：用资料二内容，字体、字号和颜色自行选择。
> (3) 在首页插入任意剪贴画。
> (4) 自行选择幻灯片设计主题，并在幻灯片放映时有动画、幻灯片切换效果。
> (5) 制作完成的演示文稿整体美观、大方。

图 15-1　演示文稿实验 1 要求

具体要求如下所述。

① 第一张幻灯片的标题字"醉里挑灯看剑,梦回吹角连营"设置为艺术字,用剪贴画作

背景,设置动画效果。

② 第二张幻灯片围绕主题设置背景图,幻灯片切换效果以及为文字动画效果。

(2) 幻灯片格式化

① 给幻灯片添加日期、页脚和编号。幻灯片的日期时间可以随系统时间变化。幻灯片编号设置为 20 号字,位置设在右下角。页脚区输入学校名称和作者姓名。

幻灯片编号设置方法,选择"插入"→"文本"→"页眉和页脚"命令,弹出"页眉和页脚"对话框,如图 15-2 所示,然后设置幻灯片的编号、日期和时间、页脚等。

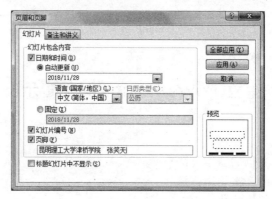

图 15-2 "页眉和页脚"对话框

② 逐一设置幻灯片格式。第一张,幻灯片主题文字设置为艺术字,将"辛弃疾"设置为华文隶书、80 号,将"辛弃疾是词人,豪放派的代表人物"设置为华文行楷、32 号,设置相应颜色。背景选择系统提供的设计方案 4。加入插入图片,设置动画为飞入。第二张,将标题字"破阵子·为陈同甫赋壮词以寄之"设置为隶书、32 号,内容文字设置为隶书、28 号,将【作者】辛弃疾【朝代】宋"设为华文楷体、28 号,并且对三段文字都设置项目号。最后插入图片,设置动画飞入,幻灯片切换方式设置为马赛克切换。设置每张幻灯片切换效果和动画声效。

(3) 演示文稿编辑工作完成,用文件名演示文稿"实验 1-姓名-学号.docx"保存文件。

3. 样张

实验样张,如图 15-3 所示。

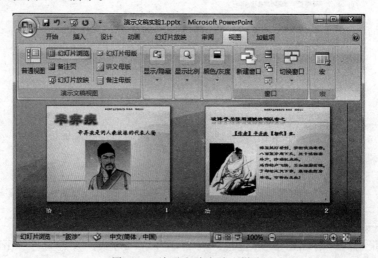

图 15-3 演示文稿实验 1 样张

15.2 实验 2　设置幻灯片的动画、多媒体和超链接

1. 实验目的

(1) 掌握建立幻灯片的动画效果；
(2) 掌握建立幻灯片的超链接方法；
(3) 掌握插入幻灯片的声音方法；
(4) 掌握插入幻灯片的视频方法。

2. 实验内容

(1) 打开演示文稿。建立演示文稿的要求，如图 15-4 所示。先打开演示文稿 PowerPoint.pptx。

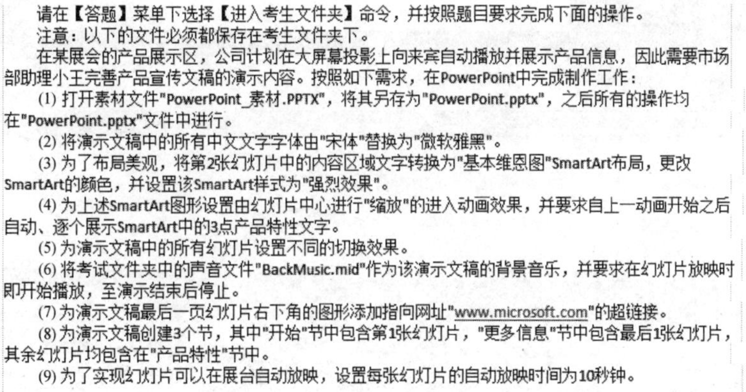

> 请在【答题】菜单下选择【进入考生文件夹】命令，并按照题目要求完成下面的操作。
> 注意：以下的文件必须都保存在考生文件夹下。
> 在某展会的产品展示区，公司计划在大屏幕投影上向来宾自动播放并展示产品信息，因此需要市场部助理小王完善产品宣传文稿的演示内容。按照如下需求，在PowerPoint中完成制作工作：
> (1) 打开素材文件"PowerPoint_素材.PPTX"，将其另存为"PowerPoint.pptx"，之后所有的操作均在"PowerPoint.pptx"文件中进行。
> (2) 将演示文稿中的所有中文文字字体由"宋体"替换为"微软雅黑"。
> (3) 为了布局美观，将第2张幻灯片中的内容区域文字转换为"基本维恩图"SmartArt布局，更改SmartArt的颜色，并设置该SmartArt样式为"强烈效果"。
> (4) 为上述SmartArt图形设置由幻灯片中心进行"缩放"的进入动画效果，并要求自上一动画开始之后自动、逐个展示SmartArt中的3点产品特性文字。
> (5) 为演示文稿中的所有幻灯片设置不同的切换效果。
> (6) 将考试文件夹中的声音文件"BackMusic.mid"作为该演示文稿的背景音乐，并要求在幻灯片放映时即开始播放，至演示结束后停止。
> (7) 为演示文稿最后一页幻灯片右下角的图形添加指向网址"www.microsoft.com"的超链接。
> (8) 为演示文稿创建3个节，其中"开始"节中包含第1张幻灯片，"更多信息"节中包含最后1张幻灯片，其余幻灯片均包含在"产品特性"节中。
> (9) 为了实现幻灯片可以在展台自动放映，设置每张幻灯片的自动放映时间为10秒钟。

图 15-4　演示文稿实验 2 要求

(2) 编辑文稿

① 替换文稿的字体。打开 PPT，如图 15-5 所示，选择 PPT 内容，查看字体格式，这里为宋体。

单击"开始"菜单，查找"替换"按钮，选择替换字体，如图 15-6 所示。

打开"替换字体"对话框，如图 15-7 所示。

在"替换字体"对话框中选择要替换的字体和被替换的字体，如图 15-8 所示。

单击"替换"按钮，关闭对话框，再次查看字体，所有幻灯片的字体已经全部被更换。

② 对第二张，改为基本维恩图布局，对颜色、大小等进行调整设置，如图 15-9 所示。

③ 设置每个幻灯片的切换效果。单击"动画"菜单，再单击此幻灯片组，将所有的切换效果设置为不同形式，如图 15-10 所示。

④ 插入多媒体对象。单击"插入"菜单，选择对应的命令。在第一张幻灯片插入背景音乐 BackMusic.mid，在整个演示文稿中播放。单击图标时就播放音乐。即可以在"音频工具"选项卡中对音频选项进行设置。

⑤ 建立超链接。在幻灯片最后一张上右下角处插入网址 www.microsoft.com 作为超链接，选中网址，单击"插入"菜单的链接功能组，单击"超链接"按钮，如图 15-11 所示。

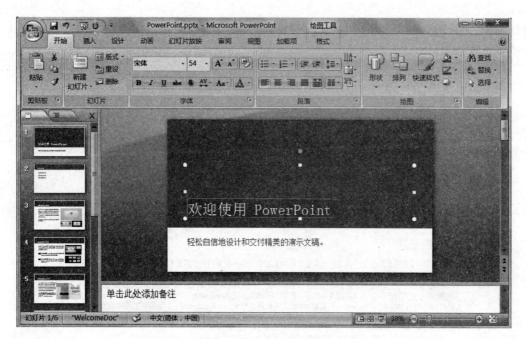

图 15-5　替换字体(1)

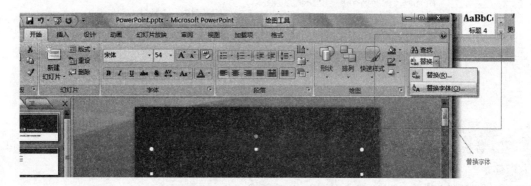

图 15-6　替换字体(2)

图 15-7　替换字体(3)

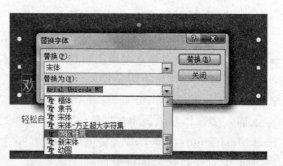

图 15-8　替换字体(4)

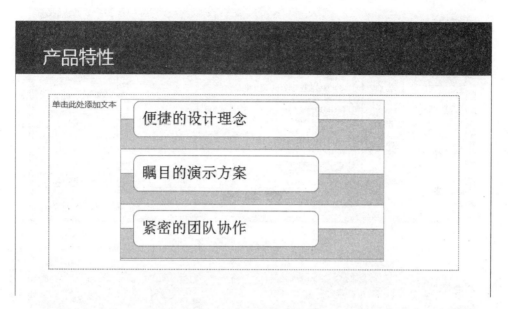

图 15-9 基本维恩图布局

图 15-10 设置幻灯片切换效果

图 15-11 插入超链接窗口

显示"编辑超链接"对话框,如图 15-12 所示,输入超链接信息和网页信息,完成超链接的设置。

(3) 演示文稿编辑工作完成,用文件名演示文稿"实验 2-姓名-学号.docx"保存文件。

3. 样张

实验样张,如图 15-13 所示。

图 15-12 "编辑超链接"对话框

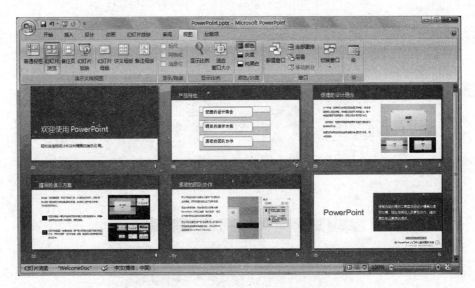

图 15-13 演示文稿实验 2 样张

第16章 数据库管理系统

16.1 实验1 Access 数据库表的建立和维护

1. 实验目的

（1）掌握建立和维护 Access 数据库的方法；
（2）掌握 SQL 中的数据更新命令。

2. 实验内容

（1）建立数据库和表。用 Access 创建一个名为"体检信息管理"数据库，并按要求建表。建表要求：

① 用 Access 创建的"信息表"（内容如下表），表结构如表 16-1 所示，内容如图 16-1 所示。

表 16-1 用 Access 创建的信息表

字 段 名 称	字 段 类 型	字 段 宽 度
体检号	文本	7
姓名	文本	10
性别	文本	1
出生年月	日期/时间	

体检号	姓名	性别	出生年月
2014001	张锐	男	1985/7/7
2014002	李强	男	1978/4/5
2014003	韩晶	女	1989/11/13
2014004	钱虎	男	1970/5/5
2014005	王珂芯	女	1984/5/26

图 16-1 信息表的记录内容

② 用 Access 创建的"体检表"（内容如下表）。表结构如表 16-2 所示，内容如图 16-2 所示。

表 16-2　用 Access 创建的体检表

字 段 名 称	字 段 类 型	字 段 宽 度
体检号	文本	7
身高	数字	整型
体重	数字	整型
健康状态	文本	4

图 16-2　体检表的记录内容

(2) 修改信息表的结构。

① 将姓名字段的字段宽度改为 8。

② 添加一个新字段：

| 字段名称 | 字段类型 | 字段宽度 |
| 学院和专业 | 文本型 | 20 |

为信息表增加字段后，再为表中每个学生记录输入其学院和专业信息，如图 16-3 所示。

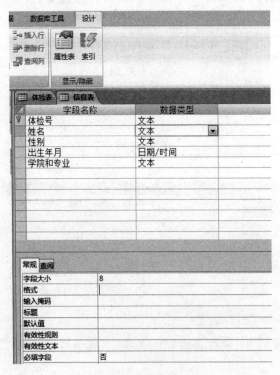

图 16-3　修改信息表的结构

（3）导出表"信息表"中的数据，以 Excel 数据薄的形式保存，文件名为"信息表.xlsx"。选择"文件"→"导出"命令，然后根据向导的提示操作。

（4）用 SQL 中的数据更新命令对"信息表"进行操作。

① 打开数据库"体检信息管理"。

② 建立空查询。选择"创建"→"查询设计"命令，在对话框中不选择任何表和查询，关闭对话框，此时建立了一个空查询，如图 16-4 所示。

图 16-4　空查询

③ 操作表。转换到 SQL 视图，单击"SQL 视图"选项，如图 16-5 所示。打开 SQL 视图，如图 16-6 所示。

图 16-5　转到 SQL 视图

图 16-6　SQL 视图

(5) 在此可以直接输入 SQL 命令。

① 用 SELECT 命令查找记录。查找体检号为 2014003 的学生，如图 16-7 所示。

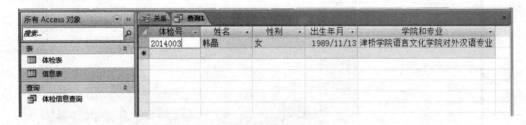

图 16-7　学生记录 1

② 用 SELECT 命令查找记录。查找全部男生，如图 16-8 所示。

图 16-8　学生记录 2

【提示】　在查询中输入命令：

SELECT * FROM 信息表 WHERE 体检号 = '2014003';
SELECT * FROM 信息表 WHERE 性别 = '男';

③ 通过 Access 的查询功能，生成"体检信息查询"（内容如下表）。通过简单查询向导建立查询，如图 16-9 所示。

图 16-9　用查询向导建立简单查询

16.2　实验 2　Access 数据库查询的创建

1．实验目的

（1）掌握 SELECT 命令的使用；
（2）掌握 Access 数据库创建查询的方法。

2．实验内容

打开数据库"体检信息管理.accdb"。

（1）通过 SELECT 语句查询。在空查询 SQL 视图中输入查询命令进行查询，操作方法与实验 1 中一样。

① 查询所有学生的信息。查询结果如图 16-10 所示。

图 16-10　查询结果 1

【提示】　执行查询命令：

"SELECT * FROM 信息表;"

② 查询学生的体检号、姓名、学院和专业。查询结果如图 16-11 所示。

图 16-11　查询结果 2

③ 查询学生的李强的信息。查询结果如图 16-12 所示。

图 16-12　查询结果 3

【提示】　执行查询命令：

SELECT * FROM 信息表 WHERE 姓名 = '李强';

④ 查询女学生的信息。查询结果如图 16-13 所示。

图 16-13　查询结果 4

【提示】　执行查询命令：

SELECT * FROM 信息表 WHERE 性别 = '女';

⑤ 查询所有出生于 1986 年以前的男生的信息。查询结果如图 16-14 所示。

图 16-14　查询结果 5

【提示】　执行查询命令：

SELECT * FROM 信息表 WHERE Year(出生年月)<= 1986 and 性别 = '男';

（2）连接查询。在空查询 SQL 视图中输入查询命令进行查询，操作方法与实验 1 中一样。

① 查询所有学生的基本信息和体检信息。查询结果如图 16-15 所示。

图 16-15　查询结果 6

【提示】 执行查询命令：

SELECT 信息表.体检号,姓名,性别,出生年月,学院和专业,身高,体重,健康状态 FROM 信息表,体检表 WHERE 信息表.体检号 = 体检表.体检号；

② 查询所有男生的基本信息和体检信息。查询结果如图 16-16 所示。

体检号	姓名	性别	出生年月	学院和专业	身高	体重	健康状态
2014001	张锐	男	1985/7/7	津桥学院建工院城市规划专业	175	66	良好
2014002	李强	男	1978/4/5	津桥学院电信院计算机科学专业	167	75	良好
2014004	钱虎	男	1970/5/5	津桥学院电信院软件工程专业	170	71	中等

图 16-16 查询结果 7

【提示】 执行查询命令：

SELECT 信息表.体检号,姓名,性别,出生年月,学院和专业,身高,体重,健康状态 FROM 信息表,体检表 WHERE 信息表.体检号 = 体检表.体检号 and 信息表.性别 = '男'；

第三部分 测试篇

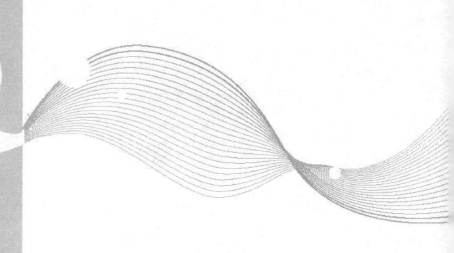

- 第17章 实战考试练习题

第17章 实战考试练习题

17.1 Word 实战试题

1. 试题1

(1) 页面设置:纸张宽度为16厘米、高为24厘米,上页边距、下页边距、右边距为2厘米,左页边距、右页边距为2.3厘米。

(2) 设置文字水印:设置字体为宋体、字号为自动、文字颜色为浅蓝色、斜式的文字水印"七彩云南"。

(3) 插入第一排的第二种类型(填充——无,轮廓——强调文字颜色2)、宋体、42磅的艺术字"云南概况"。

(4) 将正文第一段设置为隶书、四号字,第二段为楷体、四号字,第三段为宋体、16磅字。

(5) 插入页眉"云南旅游""七彩云南",将其设置为楷体、五号字。

(6) 将第二段分栏排。

(7) 第三段增加三维、双线1.5磅、蓝色的段落边框。

① 解题步骤:设置页面格式。

步骤1:打开文件夹下的素材文件"七彩云南.docx"。

步骤2:选择"页面布局"→"页面设置"→"启动"命令,打开"页面设置"对话框,在"页边距"选项卡中,根据题目要求设置"页边距"中的"上页边距""下页边距"为2厘米,设置左页边距、右页边距为2.3厘米,如图17-1所示,然后单击"确定"按钮。

步骤3:选择"纸张"选项卡,设置宽度为16厘米,高度为24厘米,如图17-2所示,然后单击"确定"按钮。

② 解题步骤:设置文字水印。

步骤1:选择"页面布局"→"页面背景"命令,再单击"水印"按钮,从弹出的下拉列表框中选择"自定义水印"命令,弹出"水印"对话框。

步骤2:勾选"文字水印"单选按钮,在"文字"文本框中输入"七彩云南",从"颜色"下拉列表框中选择"浅蓝色"选项,选中版式中的"斜式"单选按钮,如图17-3所示,然后单击"确定"按钮。

③ 解题步骤:插入艺术字。

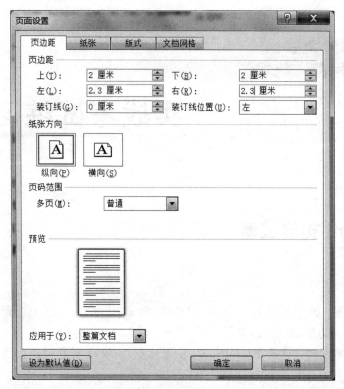

图 17-1 "页面设置"对话框中"页边距"选项卡

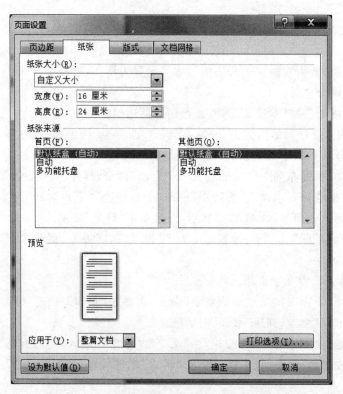

图 17-2 "页面设置"对话框中"纸张"选项卡

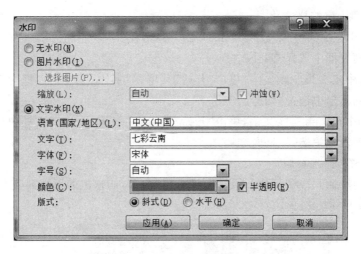

图 17-3 "水印"对话框

步骤 1：选择"插入"→"艺术字"命令，从弹出的下拉列表框中选择第一排的第二种类型，如图 17-4 所示，在弹出的对话框中输入"云南概况"。

图 17-4 设置艺术字

步骤 2：单击"开始"菜单，在"字号"下拉列表框中选择"42"，如图 17-5 所示，并移动艺术字框到合适的位置。

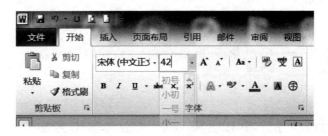

图 17-5 设置字号

④ 解题步骤：字符格式化。

步骤1：选中正文第一段文字，单击"开始"菜单，在"字体"下拉列表框中选择"隶书"，并在"字号"下拉列表框中选择"四号"。

步骤2：选中正文第二段文字，单击"开始"菜单在"字体"下拉列表框中选择"楷体"，并在"字号"下拉列表框中选择"四号"。

步骤3：选中正文第三段文字，单击"开始"菜单在"字体"下拉列表框中选择"宋体"，并在"字号"下拉列表框中选择"16"。

⑤ 解题步骤：插入页眉。

步骤1：选择"插入"→"页眉和页脚"→"页眉"命令，从弹出的下拉列表中选择"空白(三栏)"，如图17-6所示。

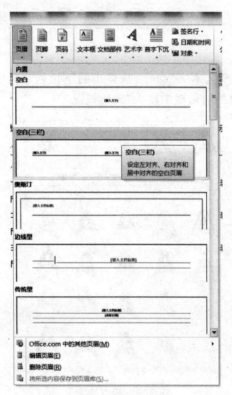

图17-6　插入页眉

步骤2：在页眉区域中左侧输入"云南旅游"，右侧输入"七彩云南"，并删除中间的"键入文字"，如图17-7所示。

图17-7　设置页眉

步骤3：选中页眉文字行，单击"开始"菜单，在"字体"下拉列表框中选择"楷体"，在"字号"下拉列表框中选择"五号"。

⑥ 解题步骤：分栏。

选中正文第二段，选择"页面布局"→"页面设置"→"分栏"命令，从弹出的下拉列表框中选择"两栏"选项，如图 17-8 所示。

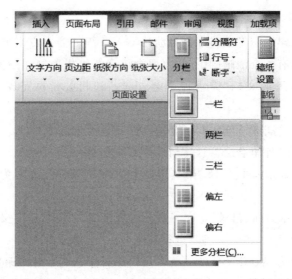

图 17-8　设置分栏

⑦ 解题步骤：绘制段落边框。

步骤 1：选择"开始"→"段落"→"下框线"命令，从下拉列表框中选择"边框和底纹"，弹出"边框和底纹"对话框。

步骤 2：在"边框和底纹"对话框设置中选择"三维"按钮，在"样式"中选择"双线"样式，在"颜色"中选择"蓝色"样式，在"宽度"中选择"1.5 磅"，在"应用于"中选择"段落"，如图 17-9 所示，然后单击"确定"按钮。

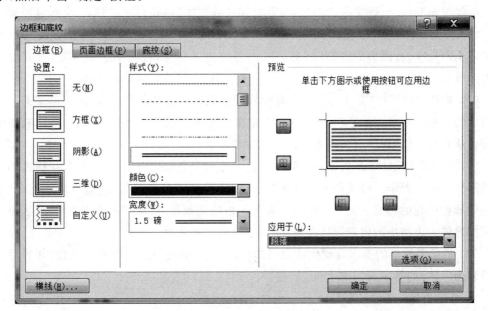

图 17-9　"边框和底纹"对话框

步骤3：单击Word左上角"自定义快速访问工具栏"中的"保存"按钮，保存文档，默认保存到"库"中的"文档"里（即文档库）。

2．试题2

阳光科技有限公司组织专家对办公自动化OA系统的需求方案进行评审，为使参会人员对会议流程和内容有一个清晰的了解，需要会议会务组提前制作一份有关评审会的秩序手册。请根据文件夹下的文档"需求评审会.docx"和相关素材完成编排任务，具体要求如下：

（1）将素材文件"需求评审会.docx"另存为"评审会会议秩序册.docx"，并保存于文件夹，以下的操作均基于"评审会会议秩序册.docx"文档进行。

（2）设置页面的纸张大小为16开，页边距上下为2.8厘米，左右为3厘米，并指定文档每页行数为36。

（3）会议秩序册由封面、目录、正文三部分内容组成。其中，正文又分为四个部分，每部分的标题均以汉字数字"一、二、三、四"进行编排（每一个部分占一页）。要求将封面、目录以及正文分别独立设置为Word文档的一节。页码编排要求为：封面无页码；目录采用罗马数字（Ⅰ，Ⅱ）编排；正文从第一部分内容开始连续编页码，起始页码为1，页码设置在页脚居中位置。

（4）将封面上的文字"阳光科技有限公司《办公自动化OA系统》需求评审会"设置为小二号、华文中宋；将文字"会议秩序册"放置在一个文本框中，设置为竖排文字、华文中宋、小一；将其余文字设置为四号、仿宋，并调整到页面合适的位置。（参见封面.jpg）

（5）将正文中的标题"一、报到、会务组"设置为一级标题，单倍行距、悬挂缩进2字符、段前段后为自动，并以自动编号格式"一、二、……"替代原来的手动编号。其他三个标题"二、会议须知""三、会议安排""四、专家及会议代表名单"格式，均参照第一个标题设置。

（6）将第一部分（"一、报到、会务组"）和第二部分（"二、会议须知"）中的正文内容设置为宋体小四号字，行距为固定值、16磅，左、右各缩进2字符，首行缩进2字符，对齐方式设置为左对齐。

（7）参照素材图片"表1.jpg"中的样例完成会议安排表的制作，并插入到正文第三部分相应位置。格式要求：合并单元格、序号自动排序并居中、表格标题行采用黑体。表格中的内容可从素材文档"秩序册文本素材.docx"中获取。

（8）参照素材图片"表2.jpg"中的样例完成专家及会议代表名单的制作，并插入到正文第四部分相应位置中。格式要求：合并单元格、序号自动排序并居中、适当调整行高（其中样例中彩色填充的行要求大于1厘米），为单元格填充颜色、所有列内容水平居中、表格标题行采用黑体。表格中的内容可从素材文档"秩序册文本素材.docx"中获取。

（9）根据素材中的要求自动生成文档的目录，插入到目录页中的相应位置，并将目录内容设置为宋体、四号字，1.5倍行距。

① 解题步骤：文件另存。

步骤1：打开"需求评审会.docx"文件。

步骤2：选项"文件"→"另存为"命令，弹出"另存为"对话框，在该对话框中将文件名更改为"评审会会议秩序册"，将其保存到指定的位置。

② 解题步骤：设置页面格式。

步骤1：选择"页面布局"→"页面设置"命令，弹出"页面设置"对话框，在"页边距"选项卡中，根据题目要求设置上页边距和下页边距为2.8厘米，设置左页边距和右页边距为3厘米，如图17-10所示，然后单击"确定"按钮。

图17-10　设置页边距

步骤2：单击"纸张"选项卡，在"纸张大小"下拉列表框中选择"16开(18.4×26厘米)"选项，如图17-11所示。

步骤3：单击"文档网格"选项卡，将"行数"中的"每页(R)"调整至"36"，单击"确定"按钮，如图17-12所示。

③ 解题步骤：设置目录及页码。

步骤1：将鼠标置于"目录"左侧，选择"页面布局"→"页面设置""分隔符"命令，再单击"下一页"按钮，如图17-13所示，即把封面文字内容分为独立的一节。

步骤2：将鼠标置于正文中"一、报到、会务组"左侧，使用步骤1的方法，把目录内容分为独立一节。

步骤3：使用与步骤1同样的方法，将鼠标依次放在"二、会议须知""三、会议安排""四、专家及会议代表名单"这三行左侧，完成正文内容分节。

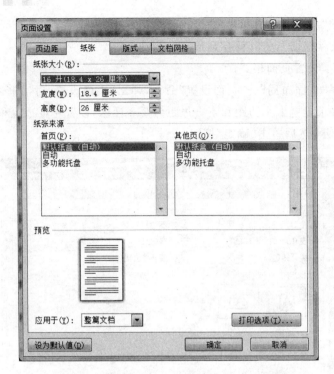

图 17-11 设置纸张

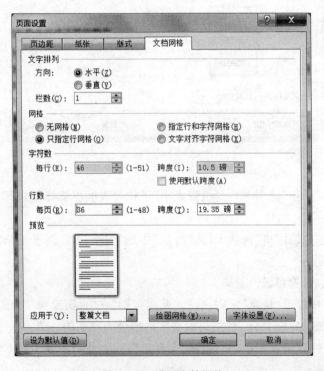

图 17-12 设置文档网格

步骤 4：选择"插入"→"页眉和页脚"→"页码"命令，在弹出的下拉列表框中选择"页面底端"选项中的"普通数字 2"，如图 17-14 所示。

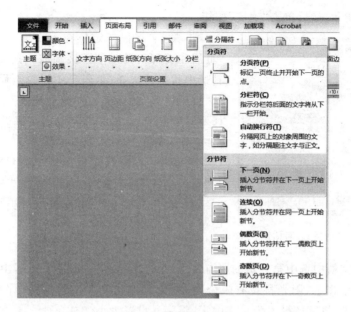

图 17-13　插入分节符

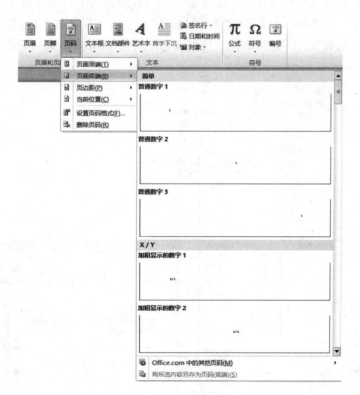

图 17-14　插入页码

步骤 5：将鼠标定位在目录页码中，选择"页眉和页脚工具"→"链接到前一条页眉"命令，取消其选中状态。选择"页码"命令，在下拉列表框中选择"设置页码格式"，打开"页码格式"对话框，在"编号格式"下拉列表框中选择罗马数字"Ⅰ，Ⅱ，Ⅲ，…"，将起始页码设置为

Ⅰ，如图 17-15 所示，然后单击"确定"按钮。

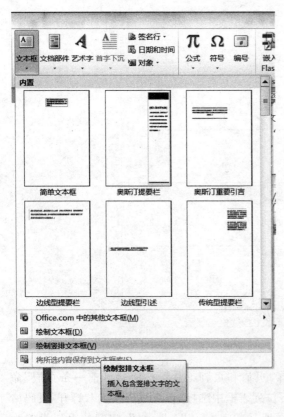

图 17-15 "页码格式"对话框

步骤 6：将鼠标定位在正文第一页页码处，选择"页眉和页脚工具"→"链接到前一条页眉"命令，取消其选中状态。选择"页码"→"设置页码格式"命令，打开"页码格式"对话框，在"编号格式"下拉列表框中选择罗马数字"1，2，3，…"，将起始页码设置为 1，然后单击"确定"按钮。

步骤 7：将鼠标定位在正文第二部分页码处，打开"页码格式"对话框，在"编号格式"下拉列表中选择罗马数字"1，2，3，…"，将页码编号设置为续前节，然后单击"确定"按钮。

④ 解题步骤：文档封面设计。

步骤 1：在文档中选中第一页的所有文字，单击"开始"→"段落"→"居中"按钮。

步骤 2：选中文字"阳光科技有限公司《办公自动化 OA 系统》需求评审会"，选择"开始"→"字体"命令，将字体设置为华文中宋，将字号设置为小二号。

步骤 3：选择"插入"→"文本"→"文本框"命令，在弹出的下拉列表框中选择"绘制竖排文本框"，如图 17-16 所示。在文档中"需求评审会"下方绘制竖排文本框，选择"格式"→"形状样式"→"形状轮廓"命令，在弹出的下拉列表框中选择"无轮廓"选项，如图 17-17 所示。

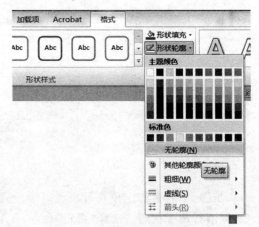

图 17-16 绘制文本框

图 17-17 设置文本框形状轮廓

步骤4：将"会议秩序册"剪切后粘贴至竖排文本框中。选中文本框中文字，单击"开始"菜单，将字体设置为华文中宋，将字号设置为小一。

步骤5：选中封面页中的其他文字，单击"开始"→"字体"，将字体设置为仿宋，将字号设置为四号。

⑤ 解题步骤：标题样式设置。

步骤1：选择"一、报到、会务组"文字，再选择"开始"→"样式"→"标题1"命令。右击"标题1"命令，在弹出的快捷菜单框中选择"修改"，如图17-18所示，在弹出的"修改样式"对话框中单击"格式"→"段落"选项，如图17-19所示。在弹出的"段落"对话框中设置特殊格式为悬挂缩进，磅值为2字符，将段前设置为自动，将段后设置为自动，将行距设置为单倍行距，如图17-20所示，然后单击"确定"按钮。

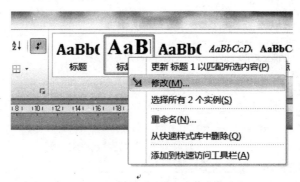

图17-18　修改样式

图17-19　"修改样式"对话框

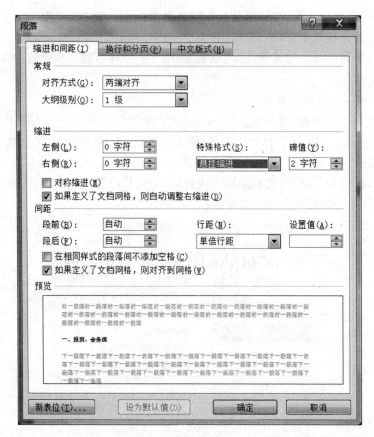

图 17-20　设置段落

步骤 2：单击"段落"→"编号"下拉按钮，在弹出的下拉列表框中选择"一、二、三"的编号样式，如图 17-21 所示。

步骤 3：分别选中"二、会议须知""三、会议安排""四、专家及会议代表名单"文字，选择"开始"→"样式"→"标题 1"命令。

⑥ 解题步骤：字符格式化。

步骤 1：选中第一部分的正文内容后按住 Ctrl 键，再选中第二部分的正文内容，单击"开始"菜单，将字体设置为宋体，将字号设置为小四。

步骤 2：单击"段落"组中的对话框"启动器"按钮，弹出"段落"对话框，将特殊格式设置为首行缩进，磅值设置为 2 字符；将左侧、右侧均设置为 2 字符；将行距设置为固定值，将设置值设置为 16 磅。

⑦ 解题步骤：表格的制作及格式化。

步骤 1：单击"插入"→"表格"按钮，在弹出的下拉列表框中选择"插入表格"选项，如图 17-22 所示。

步骤 2：在弹出的"插入表格"对话框中将列数、行数分别设置为 4、9，如图 17-23 所示，单击"确定"按钮。

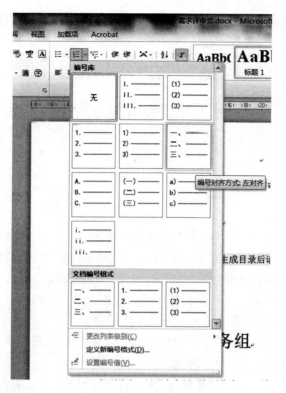

图 17-21 设置编号

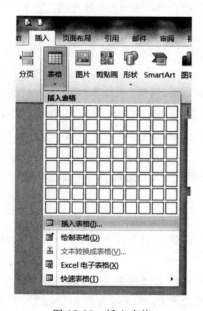

图 17-22 插入表格

图 17-23 "插入表格"对话框

步骤3：参照"表1.jpg"文件输入文字，选中标题行，单击"开始"菜单，将字体设置为黑体，选择"表格工具"→"设计"→"表格样式"→"底纹"命令，选择适合的底纹颜色，如图 17-24 所示。

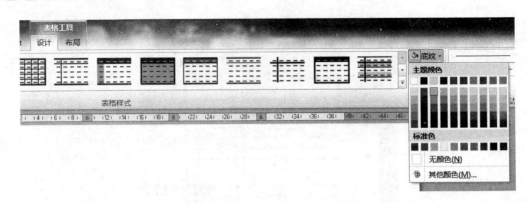

图 17-24　设置表格样式的底纹色彩

步骤 4：选择"表格工具"→"布局"→"对齐方式"→"水平居中"命令，使标题居中。

步骤 5：选中第 1 列第 2 行至第 1 列第 9 行单元格，选择"开始"→"段落"→"编号"命令，在弹出的"编号库"对话框中选择"1.2.3."选项，完成序号输入。

步骤 6：选中第 2 列第 2、3 行单元格，选择"表格工具"→"布局"→"合并"→"合并单元格"命令，使用同样方法完成类似单元格的合并。

步骤 7：参照"表 1.jpg"文件适当调整表格的行高与列宽，设置单元格的对齐方式。

⑧ 解题步骤：表格的制作及格式化。

步骤 1：单击"插入"→"表格"按扭，在弹出的下拉列表框中选择"插入表格"，在弹出的"插入表格"对话框中将列数、行数分别设置为 5、15，单击"确定"按钮。

步骤 2：选中第 2 行，选择"表格工具"→"布局"→"合并"→"合并单元格"命令，使用同样方法完成类似单元格的合并。

步骤 3：选中第 1 列第 3 行至第 1 列第 10 行单元格，选择"开始"→"段落"→"编号"命令，选择"1.2.3."选项，完成序号输入。

步骤 4：选中第 1 列第 12 行至第 1 列第 15 行单元格，选择"开始"→"段落"→"编号"命令，选择"1.2.3."选项，移动鼠标至第 12 行处，右击编号，选择下拉列表框中的"设置编号值"，如图 17-25 所示，在弹出的"起始编号"对话框中"值设置为"文本框中输入 1，如图 17-26 所示，单击"确定"按钮。

步骤 5：选中合并单元格，选择"表格工具"→"设计"→"表格样式"→"底纹"命令，选择适合的底纹颜色。

⑨ 解题步骤：自动生成目录。

步骤 1：在目录页中，选择"引用"→"目录"命令，在弹出的下拉列表框中选择"自动目录 1"，如图 17-27 所示。

步骤 2：选择目录内容，选择"开始"→"字体"命令，将字体设置为宋体，将字号设置为四号。选择"开始"→"段落"→"行和段落间距"命令，在弹出的下拉列表框中选择"1.5"选项，如图 17-28 所示。

步骤 3：选中目录，选择"开始"→"段落"→"居中"命令。

步骤 4：保存文件。

第17章 实战考试练习题

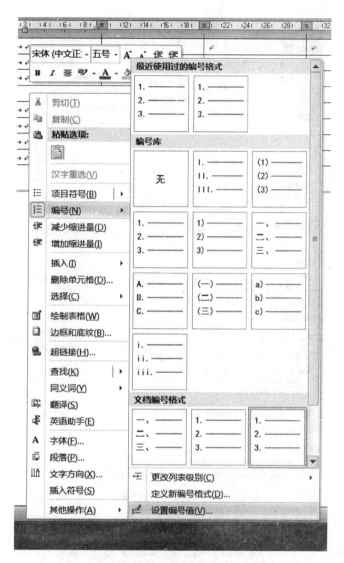

图 17-25 设置编号格式

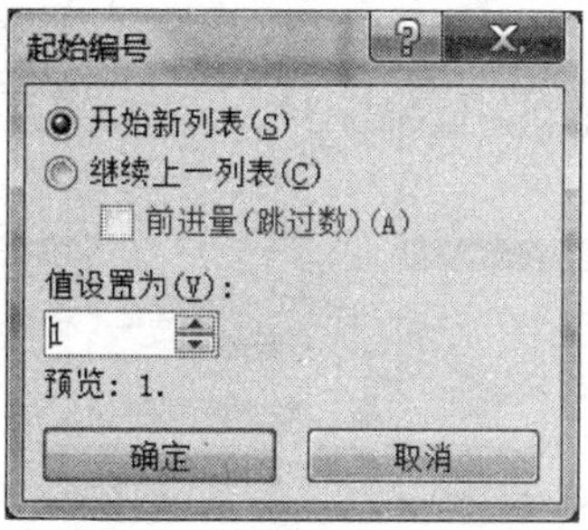

图 17-26 "起始编号"对话框

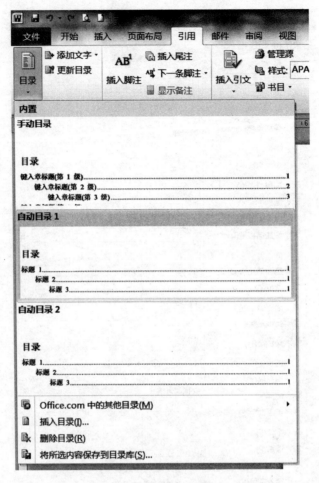

图 17-27　插入目录

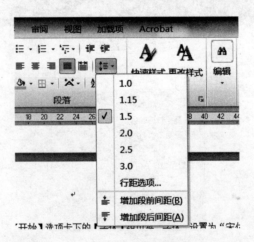

图 17-28　设置行间距

17.2 Excel 实战试题

小赵是某书店的销售人员，负责监管计算机类图书的销售情况，并按月份上报分析结果。2013年1月，她需要将2012年12月份的销售情况进行汇总，请根据提供的"Excel.xlsx"文件帮助她根据销售统计表（"Excel.xlsx"文件），按照如下要求完成统计和分析工作：

（1）对"Excel.xlsx"进行如下设置：将"销售统计"表中的"单价"列数值的格式设为会计专用，保留2位小数。

（2）对数据表"销售统计"进行适当的格式化，操作如下：合并A1:E1单元格，输入标题名"12月份计算机图书销售情况统计表"，设置适当的对齐方式、字体、字号以及颜色；为数据区域设置合适的样式以使工作表更加美观。

（3）选中工作表"销量"中的区域B3:D16，输入名称"销量信息"。要求通过VLOOKUP函数自动地在工作表"销量"中查找相关商品的具体销量，并在公式中引用所定义的名称"销量信息"。在"销售统计"表中的"销量"一列的右侧增加一列"销售额"，根据"销售额＝销量×单价"构建公式计算出各类图书的销售额。

（4）在"销售统计"表中的"销售额"一列的右侧增加一列"销售额排名"，以销售额为数据，利用Rank.eq函数计算销售排名。

（5）为"销售统计"工作表创建一个数据透视表，放在一个名为"数据透视分析"的新的工作表中。

（6）为数据透视表数据创建一个以书名和销售额为数据的饼图，设置数据标签（百分比形式）显示在外侧，将图表的标题改为"12月份计算机图书销量"。

（7）将工作表另存为"计算机类图书12月份销售情况统计.xlsx"文件。

① 解题步骤：设置数据格式。

右击"销售统计"工作表中"单价"列，在弹出的快捷菜单中选择"设置单元格格式"命令，弹出"设置单元格格式"对话框，切换至"数字"选项卡，在"分类"列表框中选择"会计专用"按钮，在右侧的"小数位数"微调框中选择"2"，在"货币符号（国家/地区）"下拉列表框中选择"￥"，如图17-29所示。

图17-29 "设置单元格格式"对话框

② 解题步骤：数据格式化。

步骤 1：选中 A1:E1 单元格，单击"开始"→"对齐方式"→"合并后居中"按钮，如图 17-30 所示。

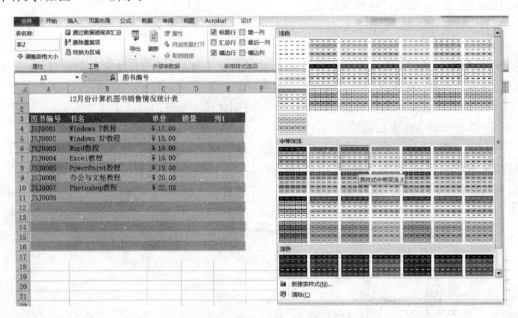

图 17-30　设置合并后居中

步骤 2：为标题名"12 月份计算机图书销售情况统计表"设置适当的字体、字号以及颜色。选中数据区域，单击"开始"→"样式"→"套用表格样式"，在弹出的下拉列表框中选择一个样式，如图 17-31 所示。

图 17-31　设置表格样式

③ 解题步骤：vlookup 函数及名称应用。

步骤 1：在"销量"工作表中选中 B3:D16 单元格，在"名称框"中输入"销量信息"，如图 17-32 所示。

步骤 2：鼠标移动到"销售统计"工作表 D4 单元格中，输入"=VLOOKUP([@图书编号],销量信息,3,FALSE)"，按 Enter 键后完成销量的填充，然后向下填充公式到 D16 即可。

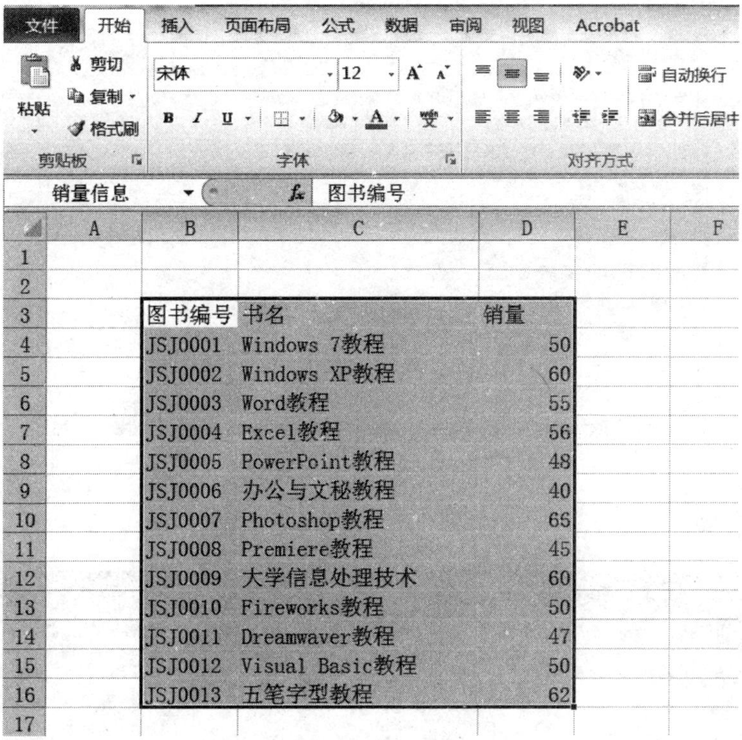

图 17-32 设置单元格名称

步骤 3：在"销售统计"工作表 E3 单元格输入"销售额"，在 E4 单元格输入"=C4*D4"后按 Enter 键完成销售额的计算，然后向下填充公式到 E16 即可。

④ 解题步骤：rank.eq 排位函数的应用。

步骤：在"销售统计"工作表 F3 单元格输入"销售额排名"，在 F4 单元格输入"=RANK.EQ([@销售额],[销售额])"后按 Enter 键完成销售额的计算，然后向下填充公式到 F16 即可。

⑤ 解题步骤：创建数据透视表。

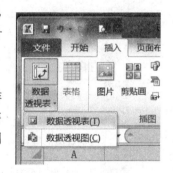

图 17-33 插入数据透视表

步骤 1：选择"插入"→"表格"→"数据透视表"命令，在下拉列表框中选择"数据透视表"，如图 17-33 所示。

步骤 2：在弹出的"创建数据透视表"对话框中"选择一个表或区域"选项中选择 A3:E16 数据区域，在"选择放置数据透视表的位置"中选择"新工作表"，如图 17-34 所示，然后单击"确定"按钮。

步骤 3：右击 Sheet1 工作表名，在弹出的快捷菜单中选择"重命名"，输入"数据透视分析"作为工作表名。

⑥ 解题步骤：图表的创建。

步骤 1：在"数据透视分析"工作表中，从"数据透视表字段列表"中选择"书名"，将其拖曳到"行标签"，选择"销售额"将其拖曳到"数值"处，如图 17-35 所示。

图 17-34 "创建数据透视表"对话框

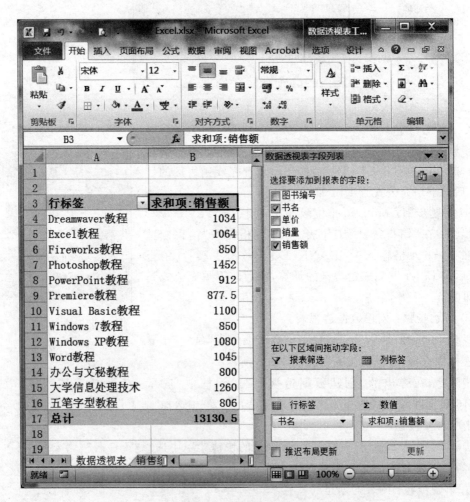

图 17-35 设置行标签

步骤2：选择"插入"→"图表"→"饼图"命令，在弹出的下拉列表框中选择"二维饼图"选项，创建空的二维饼图。

步骤3：选择"图表工具"→"设计"→"数据"→"选择数据"命令，在弹出的"选择数据源"对话框的"图表数据区域"中选择数据区域，如图17-36所示，然后单击"确定"按钮。

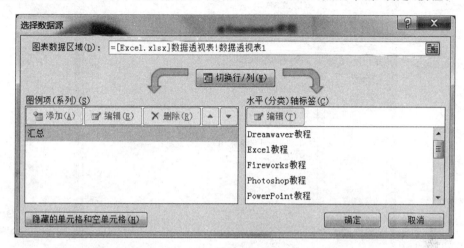

图17-36　"选择数据源"对话框

步骤4：选择"数据透视图工具"→"布局"→"标签"→"数据标签"命令，在弹出的下拉列表框中选择"其他数据标签选项"，如图17-37所示。在弹出的"设置数据标签格式"中，选择"标签选项"，取消"标签包括"中的"值"选项，选中"百分比"选项，在"标签位置"中选择"数据标签外"，如图17-38所示，然后单击"关闭"按钮。

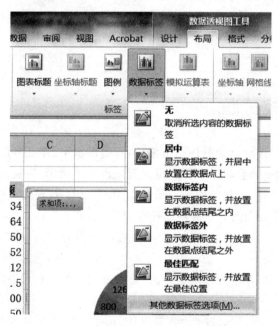

图17-37　显示数据标签

图 17-38 "设置数据标签格式"对话框

步骤 5：双击图表标题"汇总"，输入"12 月份计算机图书销量"。

⑦ 解题步骤：文件另存为。

步骤：选择"文件"→"另存为"选项，在弹出的"另存为"对话框中选择恰当的工作簿存储路径，并在"文件名"文本框中输入"计算机类图书 12 月份销售情况统计.xlsx"，然后单击"保存"按钮。

17.3 PPT 实战试题

为进一步提升云南旅游行业整体队伍素质，打造高水平、懂业务的旅游景区建设与管理队伍，云南省旅游发展委员会将对工作人员进行一次业务培训，主要围绕"云南省主要景点"进行介绍，包括文字、图片、音频等内容。请根据 PPT 文件夹下的素材文档"云南主要景点介绍-文字.docx"，帮助主管人员完成制作任务，具体要求如下：

（1）新建一份演示文稿，并以"云南省主要旅游景点介绍.pptx"为文件名保存到 PPT 文件夹下。

（2）第一张标题幻灯片中的标题设置为"云南省主要旅游景点介绍"，副标题设置为"七彩云南，旅游天堂"。

（3）在第一张幻灯片中插入歌曲"彩云之南.mp3"，将其设置为背景音乐，并设置为自动播放模式，同时设置声音图标在放映时隐藏。

（4）第二张幻灯片的版式为"标题和内容"，标题为"云南省主要景点"，在文本区域中以项目符号列表方式依次添加下列内容：石林、西双版纳野象谷、丽江玉龙雪山、大理三塔、香格里拉普达措国家公园。

（5）自第三张幻灯片开始按照石林、西双版纳野象谷、丽江玉龙雪山、大理三塔、香格里拉普达措国家公园的顺序依次介绍云南省各主要景点，相应的文字素材"云南省主要景点介绍－文字.docx"以及图片文件均存放于 PPT 文件夹下，要求每个景点介绍占用一张幻灯片。

（6）最后一张幻灯片的版式设置为空白，并插入艺术字"谢谢"。

（7）将第二张幻灯片列表中的内容分别超链接到后面对应的幻灯片，并添加返回到第二张幻灯片的动作按钮。

（8）为演示文稿选择一种设计主题，要求字体和整体布局合理、色调统一，为每张幻灯片设置不同的幻灯片切换效果以及文字和图片的动画效果。

（9）除标题幻灯片外，其他幻灯片的页脚均包含幻灯片编号、日期和时间。

（10）设置演示文稿放映方式为"循环放映，按 ESC 键终止"，换片方式为"手动"。

① 解题步骤：创建演示文稿。

步骤：新建一份演示文稿，并命名为"云南省主要旅游景点介绍"。

② 解题步骤：标题幻灯片。

步骤：在第一张幻灯片的标题处输入"云南主要旅游景点介绍"，副标题处输入"七彩云南，旅游天堂"。

③ 解题步骤：幻灯片音频设置。

步骤 1：选择"插入"→"媒体"→"音频"→"文件中的音频"命令，如图 17-39 所示。在弹出的"插入音频"对话框中，选择媒体文件"彩云之南.mp3"，单击"插入"按钮。

图 17-39　插入音频

步骤 2：单击"音频工具"→"播放"菜单，将"音频选项"功能组中的"开始"设置为"自动"，并选中"放映时隐藏"和"循环播放，直到停止"单选框，如图 17-40 所示。

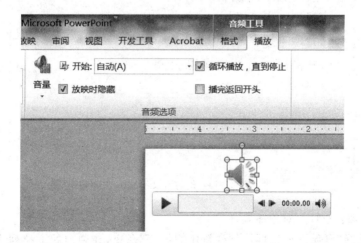

图 17-40　设置音频播放选项

④ 解题步骤：幻灯片版式。

步骤1：选择"开始"→"幻灯片"组中单击"新建幻灯片"命令，在弹出的下拉列表框中选择"标题和内容"选项，如图17-41所示。

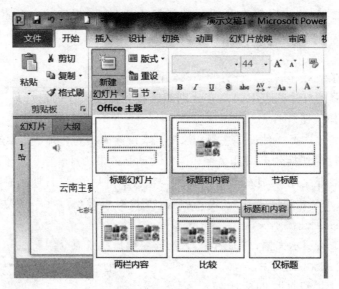

图17-41　新建幻灯片

步骤2：在标题处输入"云南省主要景点"，在正文占位符中输入如图17-42所示的内容，选择"开始"→"段落"→"项目符号"命令，在弹出的下拉列表框中选择一种项目符号即可。

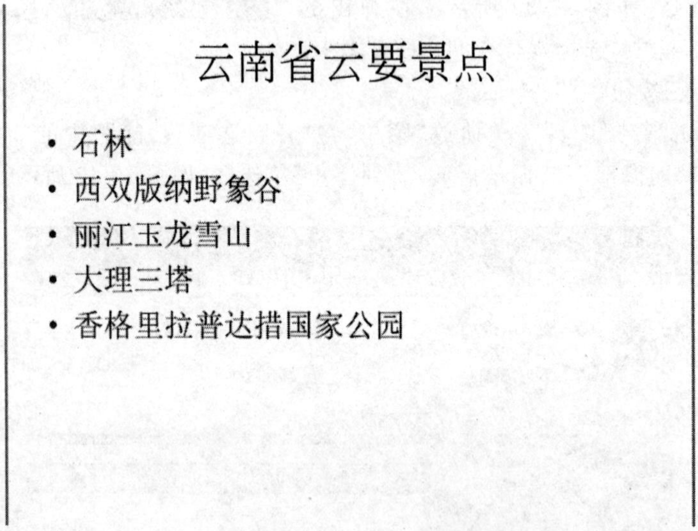

云南省云要景点

- 石林
- 西双版纳野象谷
- 丽江玉龙雪山
- 大理三塔
- 香格里拉普达措国家公园

图17-42　幻灯片文字输入

⑤ 解题步骤：幻灯片对象插入。

步骤1：选择"开始"→"幻灯片"→"新建幻灯片"命令，在弹出的下拉列表框中选择"两栏内容"。

步骤2：在标题处输入"石林"，打开文字素材"云南省主要景点介绍－文字.docx"，将石林的景点介绍复制粘贴到左边占位符中，选中右边占位符，单击"插入来自文件的图片"按钮，如图17-43所示，打开"插入图片"对话框，选中"石林.jpg"，单击"插入"按钮。

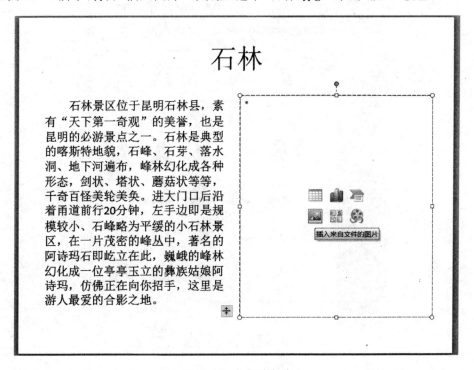

图17-43 幻灯片版式

步骤3：同理分别完成西双版纳野象谷、丽江玉龙雪山、大理三塔、香格里拉普达措国家公园幻灯片的制作。

⑥ 解题步骤：插入艺术字。

步骤1：选择"开始"→"幻灯片"→"新建幻灯片"命令，在弹出的下拉列表框中选择"空白"选项。

步骤2：选择"插入"→"艺术字"命令，在弹出的下拉列表框中选择一种艺术字样式，如图17-44所示。

步骤3：在艺术字文本框中输入"谢谢"，并适当调整艺术字的字号、位置、形状效果等。

⑦ 解题步骤：幻灯片中的超链接。

步骤1：选择第2张幻灯片，选中该幻灯片中的"石林"文字，单击"插入"→"超链接"按钮，在弹出的"插入超链接"对话框中将"链接到"选择为"本文档中的位置"，在"请选择文档中的位置"选择为第3张（石林）幻灯片选项，如图17-45所示，单击"确定"按钮。

步骤2：切换至第3张幻灯片，单击"插入"→"插图"→"形状"下拉按钮，在弹出的下拉列表框中选择"动作按钮"中的"动作按钮：后退或前一项"形状，如图17-46所示。

步骤3：在第3张幻灯片的适当位置绘制动作按钮，绘制完成后弹出"动作设置"对话框，在该对话框中单击"超链接到"旁边的下拉按钮，在下拉列表框中选择"幻灯片"选项，如

图 17-44　插入艺术字

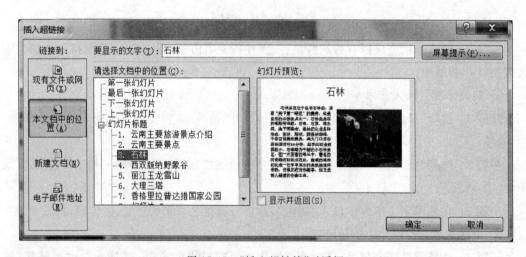

图 17-45　"插入超链接"对话框

图 17-47 所示。在弹出的"超链接到幻灯片"对话框中选择"2.云南省主要景点"选项,单击"确定"按钮。

步骤 4：再次单击"确定"按钮,退出对话框,适当调整动作按钮的大小、形状轮廓等。

步骤 5：使用同样的方法,将第 2 张幻灯片列表中其他景点分别链接到相应的幻灯片中,并复制第 3 张幻灯片的动作按钮粘贴到相应的幻灯片中。

图 17-46　插入动作按钮

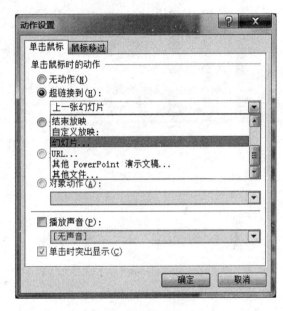

图 17-47　"动作设置"对话框

⑧ 解题步骤：设计主题、设置幻灯片切换效果。

步骤1：选择"设计"→"主题"→"其他"命令，在弹出的下拉列表框中选择一种主题，如图 17-48 所示。

步骤2：选择第1张幻灯片，选择"切换"→"切换到此幻灯片"→"其他"命令，在弹出的下拉列表框中选择一种切换方式，如图 17-49 所示。给其他幻灯片设置不同的幻灯片切换方式。

步骤3：切换到第1张幻灯片，选中标题，单击"动画"→"高级动画"→"添加动画"按钮，在弹出的下拉列表框中选择一种动画，如图 17-50 所示。给其他幻灯片中的对象添加适当的动画。

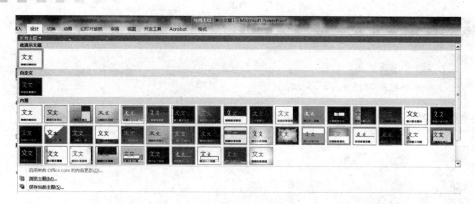

图 17-48　设置幻灯片设计主题

图 17-49　设置幻灯片切换

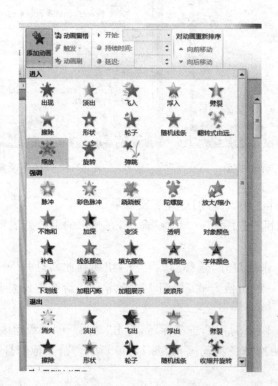

图 17-50　设置幻灯片动画

⑨ 解题步骤：幻灯片页脚设置。

步骤：选择"插入"→"文本"→"页眉和页脚"命令，在弹出的"页眉和页脚"对话框中选中"日期和时间"复选框、"幻灯片编号"复选框和"标题幻灯片中不显示"复选框，单击"全部应用"按钮，如图 17-51 所示。

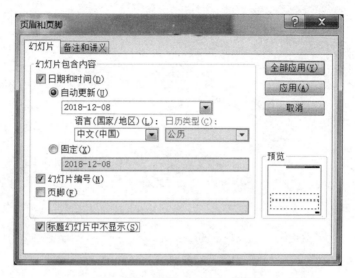

图 17-51　"页眉和页脚"对话框

⑩ 解题步骤：幻灯片放映方式。

步骤1：选择"幻灯片放映"→"设置"→"设置幻灯片放映"命令，在弹出的"设置放映方式"对话框中，将"放映方式"选择为"手动"，在"放映选项"中选中"循环放映，按 ESC 键终止"复选框，如图 17-52 所示，单击"确定"按钮。

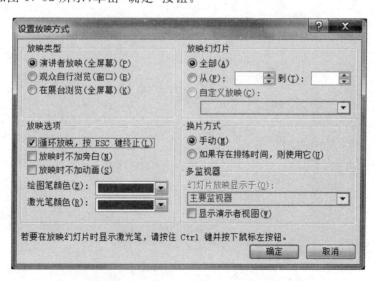

图 17-52　"设置放映方式"对话框

步骤2：保存演示文稿。

图书资源支持

感谢您一直以来对清华版图书的支持和爱护。为了配合本书的使用,本书提供配套的资源,有需求的读者请扫描下方的"书圈"微信公众号二维码,在图书专区下载,也可以拨打电话或发送电子邮件咨询。

如果您在使用本书的过程中遇到了什么问题,或者有相关图书出版计划,也请您发邮件告诉我们,以便我们更好地为您服务。

我们的联系方式:

地　　址: 北京市海淀区双清路学研大厦 A 座 701

邮　　编: 100084

电　　话: 010-62770175-4608

资源下载: http://www.tup.com.cn

客服邮箱: tupjsj@vip.163.com

QQ: 2301891038(请写明您的单位和姓名)

用微信扫一扫右边的二维码,即可关注清华大学出版社公众号"书圈"。

书圈

扫一扫,获取最新目录